资政建言

十四届杨浦区政协履职成果选编

杨浦区政协 编

文匯出版社

01【提案】

十四届区政协期间，广大政协委员、各民主党派、工商联、有关人民团体和政协各界别、各专门委员会以饱满的政治热情和强烈的责任意识，紧紧围绕杨浦经济社会发展大局，积极运用提案形式履职，共提交提案914件，经审查立案831件，其中，各党派团体、界别及各专委会集体提案285件，委员个人或联名提案546件。截至2021年8月，所有立案提案已全部办复，其中办理结果为“解决或采纳”的744件，占总数的89.53%；“列入计划拟解决”的23件，占2.77%；“留作参考”的64件，占7.7%。

■ 举行区政协主席会议重点提案办理协商会

■ 区政协领导带队视察重点提案办理落实情况

■ 开展集体提案办理协商

■ 区各民主党派、工商联和知联会集体提案

■ 举行滨江开发同类提案办理协商

■ 举行推进垃圾分类工作同类提案办理协商

■ 举行推进双创科创工作同类提案办理协商

■ 区政协领导走访提案承办单位

■ 与区人大、区政府联合召开区人大代表建议和政协提案办理工作会议

■ 举行提案工作交流会

■ 举行提案办理工作座谈会

02【大会发言】

在区政协十四届一次至五次会议上，共有53名委员分别代表各民主党派、工商联、人民团体或以个人名义作了大会发言，内容涉及打造杨浦滨江人民城市建设示范区、发展在线新经济和夜间经济、加快“两张网”建设、推进长三角科技创新一体化、促进台湾青年在杨浦创业和就业、完善社区治理和服务创新、升级青少年科创教育、加强公共卫生安全城区建设等各个方面，许多意见建议为党政科学民主决策提供了助益。

■ 区政协全体会议举行大会发言

■ 区政协十四届一次至五次会议大会发言材料汇编

03【社情民意】

为进一步拓展信息反映渠道，广泛收集和及时反映政协委员及其联系各界群众的意愿和诉求，十四届区政协着力加强社情民意特约信息员队伍建设，共聘请了来自政协委员和民主党派成员的30名同志担任特约信息员，并不断完善信息采用分析、反馈和激励机制，夯实工作基础。截至2021年8月，五年来共向市政协编报800余件社情民意信息；其中经市政协向全国政协转送44件，向市委办公厅报送25件，向市有关部门转送69件。同时，运用《情况反映》、人民建议征集平台等形式和渠道，及时向区委、区政府反映委员意见建议，传递群众呼声。

■ 举行区政协社情民意信息工作会议

■ 为社情民意特约信息员颁发聘书

■ 邀请市政协办公厅综合信息处作专题辅导

本书编委会

主　编　邰　荀

副主编　周　海　陆　静　徐　进

委　员　蔡楚瑛　郑佐华　张宏文　卢　瑜

徐建萍　刘伦峰　潘俏敏　朱纯静

石　敏　梁云霞　王赢君

序

在中共上海市杨浦区委的领导下，十四届区政协各参加单位、各专门委员会和广大政协委员紧扣贯彻落实党和国家重要决策部署需要解决的问题，围绕杨浦“四高城区”和“三区一基地”的发展主线，坚持人民政协为人民的理念，深入界别群众和基层一线，访民情、掌民意、聚民智，找准人民政协推动经济社会发展的结合点、着力点、突破口，积极通过提交提案、大会发言和反映社情民意信息等多种途径建言献策，为服务党委政府科学决策、有效施策，汇聚共建共治共享人民城市示范区的智慧力量。

提交提案、大会发言和反映社情民意信息是政协各参加单位、各专门委员会和政协委员履职的重要方式，是党和政府听取民声民意、科学民主决策、推动改进工作的重要途径，是专门协商机构服务国家治理的重要载体，是人民政协发挥“重要阵地、重要平台、重要渠道”作用的有效方法。为全面反映区政协十四届一次会议以来，广大政协委员和政协各参加单位、各专门委员会履职参政的宝贵经验和智慧成果，为新一届区政协履职提供参考借鉴，我们从五年丰富的资政建言成果中精心撷取了 40 份提案、10 份大会发言和 23 份社情民意信息，邀请政协领导、有关专家、提案承办单位和提案者等，从不同的角度进行了点评，并汇编成书。

一份份提案、大会发言、社情民意信息，凝结着政协各界围绕党政中心工作和社会关切问题建言献策的智慧和心血，承载着广大人民群众对美好生活的向往和期盼，展示了十四届区政协委员为国履职、为民尽责的责任情怀和风采作为，展现了人民政协作为专门协商机构的优势作用。一份份点评，从不同角度解读了提案、大会发言、社情民意信息，应该如何选题才能更加聚焦党政中心大事、改革发展要事、民生改善实事和社会治理难事；应该如何调研才能切实了解和掌握基层工作的实际情况和基层群众的呼声愿望；应该如何分析才能去粗取精、由表及里，归纳、总结、提炼出更有前瞻性、针对性和可操作性的有价值、有分量的意见建议；应该如何撰写才能做到格式规范、文字精练，对进一步提高政协委员履职能力尤其是新任政协委员的资政建言水平具有较强的指导意义。

我国进入全面建设社会主义现代化国家的新发展阶段，既为人民政协工作提供了广阔的发展空间，也提出了新的更高要求。我们要毫不动摇地坚持和加强中国共产党的领导，深入学习贯彻习近平总书记关于加强和改进人民政协工作的重要思想，深入践行人民城市重要理念，立足新发展阶段，贯彻新发展理念，服务新发展格局，坚持建言资政和凝聚共识双向发力，充分发挥政协人才荟萃、联系广泛、智力密集的优势，聚焦实现杨浦更高水平、更高质量的发展和不断满足人民对美好生活的需要，多建睿智之言、多献务实之策、多尽发展之力，更好地发挥人民政协作为社会主义协商民主的重要渠道和专门协商机构的制度优势和治理效能，努力为杨浦加快建设“四高城区”凝聚人心共识、汇聚智慧力量作出新的更大贡献。

杨浦区政协主席

二〇二一年八月十二日

目 录

提 案 篇

大会发言篇

社情民意篇

提案篇

关于在我区中环线路段增设非机动车道的若干建议

提案编号： A002

提 案 者： 民进杨浦区委

提交时间： 2017 年 1 月区政协十四届一次会议期间

地处本市东北角杨浦区域交通主干道的邯郸路/运光路经五角场环岛至翔殷路/军工路全长约 6 公里。该路段因禁止非机动车通行，给附近高校师生、企事业单位员工、社区居民骑车上下班和广大市民骑车来五角场市级副中心办事、购物、消费带来诸多烦恼。为此，民进区委经分析调研后，建议在中环线邯郸路/运光路—翔殷路/军工路段增设非机动车道。

一、现状与问题

21 世纪初，由于杨浦区地铁轨道交通空白，因此城建交通管理部门在中环线邯郸路、翔殷路段规划设计方案上，更多的是考虑机动车快速通行需要，却忽略了广大骑车出行市民的利益，禁止非机动车通行，存在先天不足。

十多年来，每天上下班高峰时间，该路段的右侧机动车道和人行道上助动车、自行车川流不息；特别是近半年来，不少公益企业在五角场区域、地铁 8 号线翔殷路/中原路站等投放了大量摩拜共享自行车，使得"绿色交通"自行车道路资源紧缺的矛盾日显突出。尽管半年多来，在上海交通违法大整治行动中警方派员蹲点对上述路段骑车人进行了严厉处罚，但依然是治标未治本。

因此，必须改善措施来协调机动车、非机动车、行人三者之间利益，真正体现以人为本、绿色出行的理念。

二、对策建议

1. 以人为本，规划先行

城建交通管理部门在城市交通发展建设规划设计过程中，应始终坚持以人为本，道路交通规划落地应充分体现向低碳、环保、绿色出行倾斜。当今城市面临日益严重的交通拥堵棘手难题，而破解的最佳方案，就是不断完善城市地铁轨道线路连接网络和想方设法增设自行车道，大力倡导广大市民出行首选“自行车＋地铁”，即广大市民从居家外出，先骑 1 公里左右自行车到地铁站，然后乘坐轨道交通到达目的地。

如果交通管理部门能在全区的大中型社区和地铁站出入口规划逐步增设公共自行车租赁网点，必将大大方便广大市民出行。

2. 因地制宜，增设“非机动车道”

根据中环线邯郸路、翔殷路段广大市民出行需求和目前该路段现状，建议参照整治后的长海路，在原先 5 米左右宽的人行道左侧专门划出 2 米左右为非机动车道模式，将邯郸路/国定路至邯郸路/运光路(1.3 公里)约 6～8 米宽的主要人行道，划出一条标志线，左侧为非机动车道，右侧为人行道。翔殷路/中原路至翔殷路/白城路(1.5 公里)约 8～10 米宽的主要人行道，充分利用南北两边人行道中已有的 1 米冬青树绿化长廊作为隔离标志线，左侧为非机动车道，右侧为人行道，从而使道路资源划分更加合理。

3. 根治违法占道，确保街面畅通

目前，我区街头无证设摊和店家违法侵占人行道现象还相当严重，比如邯郸路/国年路至邯郸路/国权路，每天下午到深夜，马路两边都有 10 多辆摆放着液化气钢瓶和锅子的黄鱼车，现炒现卖小吃和卖各种水果；又比如翔殷路/中原路至翔殷路/包头路，不少店面业主沿街堆物，钢门窗店将加工做好的门窗和材料、饮食店将桌子椅子、蔬菜水果店将包装箱子一并堆放在人行道上。可见，当前道路交通大整治行动要确保机动车、非机动车、行人有序通行，让广大市民分享交通大整治行动的成果，彻底根治马路街头违法设摊占道已刻不容缓。

专家点评：

提到出行难，人们往往更多地关注于地铁、隧道、立交桥等重大市政工程设施的建设，但民进区委这件提案却把关注点落在广大骑车市民“骑行难”的烦恼上。在深入调查研究的基础上，提案围绕坚持绿色出行理念，盘活道路资源，根治违法占道，还路于民，解决“骑行难”问题，提出了很好的建议。这是一件“接地气、达民意”，反映百姓诉求的好提案。运用提案这个履职形式，对某些客观存在的“不协调”“不和谐”现象，对一些尚处在“重视不够”“发展不快”的问题，做一些“未雨绸缪”“拾遗补缺”“雪中送炭”的工作，同样可以彰显政协力量。

（点评者：原杨浦区政协提案委员会主任周卫良）

承办单位点评：

原中环线设计中并未设置非机动车道，随着“绿色交通”“慢行交通”的推行，非机动车道资源紧缺的矛盾日益突出。该提案体现了“以人为本、绿色出行”的理念，促进我委进一步研究中环线沿线的非机动车道需求。针对提案所反映的情况，我委与上海市交通委多次沟通反映上述情况以及需求。经过多方努力，提请上海市道路运输管理局牵头组织研究在全市中环线部分路段增设非机动车道的方案，目前处于方案研究阶段。同时，我委积极完善中环线沿线周边部分路网，以缓解目前中环沿线周边居民单位绿色出行的需求。

（点评者：杨浦区建设和管理委员会）

关于我区深入推进“河长制”到“河长治”的建议

提案编号：A009

提 案 者：九三学社杨浦区委

提交时间：2017 年 1 月区政协十四届一次会议期间

2016 年 12 月，中共中央办公厅、国务院办公厅印发了《关于全面推行河长制的意见》，并发出通知，要求各地区各部门结合实际认真贯彻落实，自此，“河长制”终于从“地方实践”上升到了“国家政策”。与之相配套的是，同期国家又相继公布了《全国城市生态保护与建设规划（2015—2020 年）》和《生态文明建设目标评价考核办法》。上海自 2015 年起，在青浦、闵行、奉贤等区域开始了“河长制”试点工作，国家《关于全面推行河长制的意见》出台后，为全面贯彻落实国务院文件精神，进一步加强水污染防治和水环境治理、河道水面积控制、水资源保护、河道水域岸线管理保护和水生态保护等工作，市政府正组织编制全面推行河长制的实施方案。

杨浦区辖内共有 18 条河道，除新江湾城水系，大部分河道水质处于五类和劣五类，嫩江河、虬江河东、走马塘、小吉浦 4 条河段是被纳入全市目录的黑臭河道。杨浦区历来极为重视河道管理工作，在国家意见出台前于 2016 年 11 月就进行了河道管理归属的河长任命，区委书记、区长、分管区长、各街镇主要负责人分别担任河长、河段长，负责所属河道的管理工作。同时，杨浦区也在积极落实“水污染防治行动计划”、推进“环境综合整治”“海绵城市建设”等工作。为贯彻落实中央文件精神，建议结合已有工作，进一步落实“河长制”工作精神，使区内河道从“河长制”到“河长治”，提出如下建议：

一、利用既有的组织机制，明确责任，科学考核

河道的问题只靠住建、环保、水务、绿化等部门分头行动很难协调，建议由区政府主要领导担任全区总河长，区建交委牵头，主要工作由区建交委和区环保局共同负责，区内多部门、多目标联动，避免各自为政、各管一摊，区发改委、公安、财政、交通、规土、绿化市容、城管执法和宣传等部门作为成员单位。

河长制的实施不改变原来部门之间的职责分工，而是形成部门合力。具体落实过程中，建议将河长制办公室与原有互相关联的各项目标实施小组、中心、指挥部、办公室等临时性部门或功能进行整合（如拆违、补短板、环境综合整治、河道综合整治、海绵城市建设等），避免“出台一项政策，成立一套班子”，集中各方资源，提高工作效率。

依据全市河长制管理制度和考核办法细化本区目标任务，制定有针对性的考核体系以及完善的考核指标与程序，体现河道的整体性。建议考虑将环保监测数据、公众满意度调查、鱼鸟活动情况等都纳入考核体系，让考核成为真切的生活体验。另一方面，由于区内河道情况千差万别，有些受限于上游来水情况、汛期排河放江等外来因素影响，容易出现成效反复，针对情况特殊的河道，除了有特殊的应对预案外，也建议予以弹性考核。河道治理是一个系统性的工程，因此在最终愿景一致的情况下，治理考核的指标与时间点也应考虑“一河一策”（如嫩江河与东走马塘），避免“一刀切”式的唯数据论。

二、长效的机制保障，避免工作“一阵风”

“河长制”重在建立长效机制，变集中式整治为常态化治理，使河道保护工作更加细化，解决好河道管理保护的突出问题。上升为“国家政策”的河长制，已经不简单局限于“地方实践”时河道的“水清岸绿”，要求建立健全河道长效管理机制，落实河道维修养护责任。

建议将河道管理纳入城市网格化管理平台，完善河道巡查监督机制，强化日常巡查监管，对河道、水域岸线进行动态监控，对涉河道违法违规行为做到早发现、早制止、早处理。同时还需要建立包括河长会议、信息共享等一套完整的制度体系，协调解决河道管理保护的重点难点问题，定期通报，动态督察，真正做到从“河长制”到“河长治”的转变。

三、努力打破行政藩篱，协调共管与上游补偿

本市河道管理采用的是“分级管理、属地负责”原则，但是河道水系犹如血管脉络，不是孤立分隔的。界河、上下游河道、污染转（迁）移、其他污染源进入等都需要在平台联动、考核指标、污染补偿等方面进行总体考虑，统筹河流上下游、左右岸，尽力解决各家“自扫门前雪”的状况。如杨浦区除本辖区内河道外，还有小吉浦河等区区界河，建议在界河的整治中，努力依靠市级环保、水务等部门力量，打破行政藩篱，与相邻区做好协调衔接工作，厘清责任，落实任务。

四、工作方式创新，渠道畅通、智慧管控

在河道治理与环境维护的过程中，要加强社会监督，引导公众参与。建议拓展公众监督参与渠道，营造全社会关心河道、爱护河道、保护河道的良好氛围。公众应该从原来的“加害者”与“受害者”，转变为“监督者”与“维护者”。建议在杨浦区河长制的实践中，尝试“副河长”或者“民间河长”的设立，选拔社区志愿者担任巡河员，建立河段情况通报微信群，利用河长微信群的通报，及时有效地发挥河长的协调指挥优势，同时可探索建立河道管理保护信息发布平台，通过主要媒体向社会公告河长名单，在河道岸边显著位置竖立河长公示牌，主动接受社会监督。同时与气象、水务、市政等智慧管控平台连通，以方便河道管护的多部门、跨平台管控。

专家点评：

河长制是落实河湖管理与保护责任的一种制度创新，为避免河长制成为“冠名制”“应急制”，必须着力推动“河长制”向“河长治”方向转变。2017 年河长制推进伊始，九三学社区委就敏锐地提出了这个问题，并从完善责任考核、健全长效机制、打破行政藩篱、推进智慧管控四个方面提出了建议。承办单位充分肯定该提案“提出了诸多富有建设性的意见，非常及时，也非常合理”。新时代新阶段，新情况、新问题和新矛盾不断出现，这就要求政协的提案能透过现象，抓住本质，准确地把握事物的发展方向，既客观准确地看到建设发展中已经存在的问题，又善于敏锐前瞻地研究可能出现的问题，着眼长远，多做冷思考，提出具有发展性、前瞻性、预见性的建议。

（点评者：原杨浦区政协提案委员会主任周卫良）

承办单位点评：

该提案结合本区当前推进“河长制”工作的实际情况，就如何建立“河长制”长效机制保障、打破行政藩篱、创新工作方法等方面，提出了富有建设性的建议，对我区进一步落实发展绿色理念和区治水体系建设发展具有积极作用。

杨浦区按照分级管理、属地负责的原则建立了区—街道(镇)二级河长体系，制定实施河长制会议制度、信息报送和共享制度、工作督察制度和考核问责制度，以确保河道整治长效落实。近年来，我区持续深化河长制建设，大力发动“巡河志愿者”“河道监督员”等社会力量，将“四史”教育和“五个人人”理念相结合，聘任全市首位“名人河长”，打造全市首条“水岸历史长廊”，不断实现从“河长制”到“人人治”的纵深推进。

（点评者：杨浦区建设和管理委员会）

提案者自评：

九三学社区委社员中聚集了一批从事城市水环境治理领域的骨干，近年来他们围绕着杨浦的河道水环境治理持续关注，久久为功，为打造城市生态文明献计献智。该提案的课题组成员聚焦杨浦的河道治理深入开展观测调研，提出富有实践意义的系列建议，希望将环保监测数据、公众满意度调查、“鱼鸟”活动情况等纳入当前的治理考核体系，避免“一刀切”式的唯数据论；将河湖管理纳入城市网格化管理平台，打破行政藩篱，与相邻区协调衔接，尝试“副河长”或者“民间河长”的设立，建立河段情况通报微信群，及时有效地发挥河长的协调指挥优势。该提案被列为当年区政协重点提案。

关于促进台湾青年在杨浦“双创”建设中创业和就业的建议

提案编号： A033
提 案 者： 台盟杨浦区委
提交时间： 2017 年 1 月区政协十四届一次会议期间

促进两岸青年的深入交流和交往是目前两岸关系及对台工作的重点和核心之一。近年来，随着两岸关系的和平发展，大陆广阔的市场和商机为台湾青年来大陆工作和创业提供了契机，越来越多的台湾青年选择到祖国大陆来学习、工作和生活。作为全国首批 17 个区域性大众创业万众创新示范基地之一的杨浦，借此东风，鼓励和引导台湾青年来杨浦创业就业，有利于推动做好台湾青年一代的工作。

杨浦区因“高校多、台生多”的特有区情，从 2009 年起，就尝试区校协作开展台湾大学生“走进杨浦”系列活动，并随着聚焦青年创业力度不断提升的契机，主动跨前一步，开展了以扶持台生创业就业为重点的工作探索，打造了线上一线下联通的创业平台（线下，在全市率先成立上海台湾大学生创业实训基地；线上，创建台湾大学生创业实训基地网络服务平台和微信公众号），而且连续两年举办全市“两岸大学生就业专场招聘会”。

做了这么多促进台湾青年在杨浦创业就业的工作，实际效果到底如何？针对在沪台湾青年创业就业意愿，我们通过微信电子问卷的方式，向复旦大学等 4 所高校的台生进行了调查。结果发现，由于两岸青年创业基地刚刚起步，还有许多需要完善的内容。

一、台湾青年创业者来大陆创业面临的主要问题

1. 对青年创业基地及相关扶持政策的知晓度较低。信息不对称的问题造成目前台湾青年对来大陆创业仍比较茫然。即便是在沪台生，其获取就业创业的咨询渠道也非常有限、分散。从调查中我们所列举的几项政策看，台生们的认知度不到半数；对于直接与其相关的"从 2016 年起进一步放宽台湾居民在陆申请个体户条件"这样的政策，非常了解的人仅占 3%。

2. 对来大陆创业的信心不足、信任感不够。很多台湾青年对大陆比较陌生，他们虽有来大陆创业的"兴奋点"，但具体落实到行动时，只靠大陆方面的优惠扶持政策很难真正吸引到他们。台湾青年创业者所需要的不只是资金方面的扶持，更多的是希望大陆方面能够真正了解他们的创业需求。

3. 对在大陆生活的便利性有所顾虑。目前两岸青年创业基地都尽可能为来大陆的台湾青年创业者提供包括住房优惠或住房补贴等生活便利措施，但大陆的生活环境和氛围对于一些初到大陆的台湾青年来说仍感陌生和不便。

4. 不熟悉大陆市场，对大陆创业环境存在担忧。对于来大陆创业的台湾青年来说，前期的市场推广及营销渠道拓展是一个很大的挑战和瓶颈，这也成为制约他们创业成功的一个关键因素。同时，在调研中问及主要的创业担忧时，除了融资、缺乏整体运作经验这类所有创业者都会面临的问题以外，台生们更多地存在对于创业环境的担忧，比如想涉足文化创意行业的台生，认为大陆目前在知识产权保护方面法律体系的不完善，增加了其创业难度。

5. 针对两岸青年创业基地的相关扶持政策未正式颁布。目前两岸青年创业基地均有不同程度的运营资金紧张的问题，都希望政府给予更大的支持。同时，对于创业扶持的优惠政策也只是享有政府部门所提供的对相关产业和创业扶持的通用政策，并没有获得更有针对性和吸引力的专门政策。

6. 台资企业注册及创业孵化器的申报仍存在限制。目前台资企业注册时仍按外资企业来处理，审批周期比较长，并且在某些领域注册公司仍有较多的限制。同时，创业孵化器的申报只能以行业进行细分。如果两岸青创基地的孵化项目较多时，申报过程比较耗时，叠加程序比较多。

二、促进台湾青年投身杨浦"双创"建设的建议

为解决上述存在的问题，更好地促进台湾青年投身杨浦"双创"示范基地建设，辅导台湾青年更好地在杨浦落地生根，我们建议：

1. 逐步消除台湾青年创业者的创业顾虑。在台湾青年来大陆创立公司的过程中，积极帮助他们简化程序，最大限度地减少台湾青年来大陆初创公司的前期负担。首先,杨浦区相关部门或中介组织可以协助他们代办在大陆注册公司的全过程(网上视频认证、现场审核对照、工商注册登记、税务登记等),并给予办公场地租金等方面的优惠或减免,最大程度降低台湾青年创业的初期成本;其次,利用大学生暑期实践的机会,邀请台湾高校大学生来大陆企业实习,加强"体验式"的深度交流。

2. 不断优化杨浦台湾大学生创业实训基地的运作模式。一是主动对接较为成熟的产业园区,通过成熟企业带动青创企业的孵化模式,使台湾青年创业者无须顾虑产品和技术端的事务,着重培育产业链营销端的业务发展;二是与专业机构合作,整合社会企业和民间资源,共同着力打造众创空间平台,通过政府扶持、社会力量参与的模式,成立"青创引导基金";三是对接区域内其他以高校毕业生为主体的创业孵化器,承接那些遇到后续发展瓶颈的青创项目,为他们的后续发展提供所需的帮助和扶持。

3. 建立全阶段、融入式的"导师制",辅导台湾青年创业。台湾青年来杨浦创业,或者在杨浦的台湾大学生想留下来创业,从有想法到付诸实施,必然会考虑从生活到创业的各方面问题。但由于其缺乏社会经验,往往在实际的创业流程、市场把握和公司运作上会遇到各种问题,需要有专门的导师进行辅导。尽管杨浦区有关部门已经注意到这方面的问题,但是这个过程还要前移,必须从大学阶段、在台湾青年多的地方就开始引导。通过"导师制",搭建相关平台聘请有丰富企业管理运作经验的企业家或企业高管,提前介入、全程融入,参与辅导青年创业项目。

专家点评:

该提案就促进两岸青年深入交流交往,更好地争取台湾年轻一代对大陆的认同感、归属感为主题建言献策。杨浦区域内高校多、创新创业优势趋强、开展了以扶持台湾大学生创业就业为重点的工作探索,提案经过调研指出了政策知晓度低、吸引力弱、融入不顺、创业难度大、资金紧张、申报限制多等问题,并以此为切入点,从优化营商环境视角出发提出三方面思路。尤其是通过建立全阶段融入式导师制的建议,增强台湾青年创业感受度、成就感是一条切实可行的渠道,能更便捷有效地解决这一困惑和难题。本篇提案如能进一步增加分析部分,并剖析产生这些问题的原因,特别是政府在这方面的缺失有哪些,那么建议部分所提出解决问题的路径就会更加有针对性。

(点评者:原上海市政协提案委员会专职副主任朱钢)

提案者自评：

“两岸一家亲，未来在青年”，青年是两岸的希望，是两岸关系和平发展的受益者与重要推动力量。两岸的发展在成就青年，为促进台青到大陆创业就业发声正当其时。在“高校多、台生多”的区情优势条件下，杨浦区开展了一系列以扶持台生创业就业为重点的探索工作，为我们提案的选题打下了坚实的基础。在一线调研中，我们坚持问题导向，召开部分台青恳谈会，以“娘家人”的身份与他们耐心访谈，汇总他们遇到的困难，并力所能及化解台青的误解，将收集到的样本问题优化形成微信电子问卷，面向复旦大学等4所高校的台生进行调查。在提案撰写过程中，我们立足问卷调查报告，积极与台青双创涉及的部门进行沟通协商，确保问题提到点子上、建议落在关键处。

关于在杨浦滨江开发实施中落实智慧城市的建议

提案编号：A048

提 案 者：民建杨浦区委

提交时间：2017 年 1 月区政协十四届一次会议期间

杨浦滨江将落实公共设施环境和公共开放空间建设先行，高起点、高标准规划建设滨江沿线，将滨江发展带打造成以创新创意、科技商务、观光休闲、会展论坛为主要内容的现代服务业功能带，成为杨浦新的增长极。然而，杨浦滨江的开发实施起步较晚，需要在虹口滨江、徐汇滨江、浦东滨江中寻求突破，避免同质化竞争，体现后发优势。为此，我们建议通过以智慧城市为标志，特别是通过相关的硬件和软件实施结合政策引导，逐渐体现自身优势，从而促进产业聚集，为杨浦滨江的持续发展提供动力。

一、杨浦滨江建设智慧城市的设想

杨浦滨江发展带是上海市中心城区最大一块尚未集中开发的区域，占地面积约 13 平方公里，是杨浦国家创新型试点城区建设“五大功能区”之一。杨浦区一直倡导知识杨浦和智慧城市。然而在上述城区建设中如何真正落实和体现智慧城市？

首先，智慧城市伴随网络的崛起、移动技术的融合发展以及创新的进程，是继数字城市之后信息化城市发展的高级形态。智慧城市是充分运用物联网、云计算等先进信息技术手段，全面感测、分析、整合城市运行中的各项关键信息，通过提供智能化的服务，使城市的管理和服务更有效，为城市工商业活动和市民提供人与社会、人与人、人与物和谐共处的环境。

其次，滨江建设智慧城市是一个复杂的系统工程。因为在智慧城市这个系统中，信息技术与其他资源要素优化配置并共同发生作用，促使城市更加智慧地运行。

从公共开发领域看，智慧城市可从以下几个方面规划建设，以点带面，逐步接入升级：

1. 智慧管理平台：设计开发统一管理平台和信息发布平台。建设统一的政府可视化智能管理平台以及面向终端用户的信息发布平台，预留多系统接口，系统可逐步升级。

2. 智慧交通、城管及安防：运用高清视频及其他高新技术建立一套完善的城市智慧交通全管控与指挥系统。运用物联网、云计算等先进信息技术手段，全面感测、分析、整合城市公共基础设施如供水、供电、供气、污水处理等运行中的各项关键信息数据数字化，上传到平台进行数据整合和分析。用先进的电子信息技术、视频监控、识别技术等，将城区内各个安防系统连接起来，打造平安城区。

3. 智慧建筑及环境：智慧建筑是以建筑为平台，兼备建筑设备、办公自动化、通信网络系统、楼宇智能化系统、能量计量系统等向人们提供一个安全高效、舒适绿色的建筑环境。运用各种信息智能化系统，全面应用于水处理自动化控制、灾害预警环境在线监测，为采取灾害预警、抗灾防疫及环境治理措施提供更直观、准确的依据。

从另一个角度看智慧城市，其实就是一个大型的数据管理服务。如下图所显示，一旦各类社会信息能够聚集起来，并通过一定的软件实现各种应用，这样就能极大地便利工作和生活。

二、杨浦滨江智慧城市实施的建议

（一）“四步走”逐步实现落实滨江智慧城市建设

鉴于开发智慧城市过程中需要众多因素以及各部门、各产业的协调和支持，因此该地块的智慧城市开发将会是一个庞大的系统性工程。这时就需要形成一定的组织形式来开发、推进、管理、维护，所以建议分以下四个阶段实施。

1. 构建杨浦滨江智慧城市硬件和软件框架。今年是开发杨浦滨江公共岸线的实施年。所以建议政府牵头将智慧城市相关企业形成某种协会或组织，共同商议并构建杨浦滨江下阶段在智慧城市方面的实施性框架。一方面，着

手构建滨江区域的城市主干信息网络，并确定智慧城市的信息共享通道及相应的技术标准；另一方面，确定在下阶段可能或可以开发并实施的智慧城市商业应用平台。

2. 利用智慧城市软硬件初步平台，促进产业聚集，做大智慧城市相关产业。随着杨浦滨江公共岸线的实施完成，及附近城市路网逐渐完善，根据规划该区域将新增商务资源 31 万平方米。所以，为做好这些商务楼宇的招商和建设，建议政府加大宣传推广力度，将杨浦滨江智慧城市建设作为吸引相关产业或企业的一个亮点。

3. 形成可复制模式，带动周边发展。将杨浦滨江建设成智慧城市样板，形成可复制模式，辐射到杨浦其他功能区，促进杨浦第三产业能级提升和发展；利用杨浦滨江的智慧城市样板，让参与建设的相关企业将该模式辐射到上海其他地区或其他城市，促进智慧城市相关企业在杨浦实现产业聚集。杨浦滨江的开发将是一个持续、滚动开发的模式，除了沿岸公共空间和商办地块开发外，还将带动附近居住功能地带的开发，杨浦滨江的建设过程，还能同时培育和孵化不同级别的建设智慧城市的相关企业，形成滚雪球效应。

4. 完善丰富杨浦智慧城市概念。建议政府着力打通智慧城市概念中与民生休戚相关的最后一公里——智慧社区，让居民切实感受到智慧城市为生活带来的美好改变。

（二）建立长效工作机制确保各节点目标有序推进

建议由政府主管部门牵头，形成一个涵盖区发改委、区科委、区商务委、相关核心企业（如中国联通）等部门机构的专项工作领导小组或者是联席会议等类似性质的组织架构，并执行相应工作机制。其应具有以下主要功能：

1. 将现有各类企业资源、项目资源等进行规划和整合。

2. 在整体框架建设过程中，牵头设立具备不同经济价值的研究和应用子课题，让相关企业根据自身情况进行具体研发，争取在各类项目中得到推广和应用。

3. 积极促进协调参与的企业，搭建信息共享平台，实现更多项目的实际对接。

4. 引导建立良好的硬件支持。如建立一个杨浦滨江区域的高速区域信息主干网络和信息处理中心，或者可以实现滨江公共空间连通 4G 网络免费覆盖和滨江各类办公区域的公共空间全 Wi-Fi 覆盖。同时还要建立智慧城市的软件支持（这里的软件指一种服务平台，类似苹果公司建立的 iOS 和 App Store 生态系统），设法培育形成智慧城市相关企业的生态链。

5. 定期举行杨浦滨江智慧城市论坛或其他形式的公共活动，加强宣传推介，提升影响力，吸引更多优质企业和有生力量加入建设中来。

6. 研究落实相应资金保障政策，建立政府的创业扶持资金，用于扶持相关小企业。

7. 联动街道及社会服务组织拓展智慧城市最后一公里——智慧社区（“智慧社区”在实施过程中的不同点在于“智慧城市”由政府直接主导实施，具有广泛性、覆盖性、核心性）。

专家点评：

承办单位对民建区委这件提案的评价是“建议十分契合智慧滨江的发展方向，具有一定的前瞻性”。提案旨在体现后发优势，避免滨江开发建设中出现同质化竞争，建议以智慧城市的理念推进杨浦滨江开发，并对实施步骤、节点目标等做了较为详尽的阐述。在滨江开发建设中，引入智慧城市建设理念，通过体系规划、信息主导、改革创新，推进信息技术与城市现代化深度融合、迭代演进，构建从支撑到平台再到应用的智慧滨江一体化格局，从而实现高品质生活、高效能治理，有利于滨江乃至整个城区形成协调发展的新生态。这件提案的选题具有开拓创新的品质。

（点评者：原杨浦区政协提案委员会主任周卫良）

承办单位点评：

从目前杨浦滨江建设情况去看民建杨浦区委在2017年所提出的建议，可以深刻体会到这份提案的前瞻性及指导性，全文系统梳理了滨江构建智慧城市的重要性以及完善的实施方案，非常具有现实性及实施性。一是前瞻性及指导性。2017年1月，滨江西东段尚未完全对百姓开放，正处在贯通工作及基础配套设施建设阶段，该提案中关于智慧城市建设的相关建议，为政府部门构建滨江管理体系提供了更广阔的思路，也为滨江公司在实施层面结合当时路网建设做好基础配套工程管线预埋工作，构建滨江智慧管理平台打好了基础。二是现实性及实施性。该提案针对滨江区域构建智慧城市提出了全局性、系统性的方案，通盘考虑滨江在建成后将面临的管理运维问题，为滨江构建智慧管理体系夯实了基础。目前，我们正构建的滨江智慧管理平台体系与提案中所提出的相关建议在方向上高度契合。现在的滨江正构建线上线下融合的滨江治理模式：在线上以滨江智慧管理平台作为滨江管理“大脑”对滨江区域进行智慧化管理；在线下设立滨江城运中心，对滨江区域的管理更精细化。未来滨江将进一步结合上海市数字化转型工作，让滨江全域的管理运维更高效、安全、智能，为市民百姓提供更好的服务。

（点评者：上海市杨浦滨江综合开发管理指挥部办公室）

关于缓解小区停车难问题的建议

提案编号：A074

提 案 者：宋轶涵

提交时间：2017 年 1 月区政协十四届一次会议期间

随着经济社会的持续快速发展，居民汽车保有量不断增加。汽车在给我们带来出行方便的同时，也在不断考验我们城市通行的承载力。而另一个不容忽视的问题就是停车难。中心城区停车难的问题已经日益显现出来。城区交通堵塞、停车难以及出行难等一系列问题，既影响了市民的生活质量，又严重制约了城市可持续发展，已成为影响城市建设和经济社会和谐发展的一个重要因素。由于前期规划的相对滞后，很多小区车位和住户比大多都低于1∶1。特别是建于二十世纪八九十年代的没有地下车位的老小区（如中原地区的大量小区），停车难问题越来越突出，无处停车已成为众多居民下班回家的 种担忧。由于停车位的不足，导致很多小区道路双向停车，草坪花坛里都停满了车，造成小区内拥挤堵塞、居民矛盾等，严重影响小区内居民的出行、交通和生活质量，甚至有些小区一到晚上连救护车和消防车也开不进去。如何缓解我区老小区停车难，已是一个涉及面广、刻不容缓急需解决的民生问题。（从笔者走访的多个社区来看，基本上每个小区都有50～100 个车位的缺口。）

应该讲，这两年区政府在解决社区停车难的问题上还是下了很大的力气，包括在有条件的社区周边马路开放夜间临时停车，协调一些企事业单位开放夜间分时共享停车等，这些举措都广受居民的欢迎。但相对于汽车保有量的飞速发展，可以预见，未来我区停车难的问题依然会长期存在并困扰着我们。如何有效缓解这一矛盾是基层城市管理工作中的一道难题。为此，笔者结合走访了解到的一些情况、具体做法及体会，提出以下几点建议，仅供参考。

短期策略

1. 社区内部挖潜，政府积极推广

为了缓解小区停车难问题，近年来各社区居委会、业委会和物业管理公司也因地制宜地想了很多办法，尽可能地划出更多的车位来解决业主停车的需求。但是一旦牵涉到减少绿化来扩充车位的方案往往众口难调，无功而返。但在笔者实际走访的几个小区来看，有一些好的经验还是值得推广的。

老小区单向通行

单向通行的好处是可以避免交会车辆产生，减少因道路狭窄而产生交会时的碰擦以及阻塞。因此相对而言在有些道路可以增加停车位。

更换电子摄像道闸系统

电子摄像道闸系统可以有效控制外来车辆进入小区临停以及一卡多车的情况。很多老小区的停车费比较便宜，造成很多周边的外来车辆过来停车，严重侵占了本小区居民的权利。电子摄像道闸系统可以采用预先登记的办法，保证居民优先并规避了一卡多车的情况。对于外来车辆可以采用价格杠杆的办法，限制停车。（涨全体业主的停车费很难通过，但只涨临时停车费相对容易。减少了外来停车，变相等于增加了车位。）

每个小区的实际情况都不一样，但政府应该收集类似实际案例加以宣传推广，帮助更多的小区能够因地制宜地规划出符合自己小区特点的停车方案。

2. 信息及时对接，深挖周边资源

开放周边企事业单位分时共享停车已经呼吁很多年了，然而实际效果并不显著。办公楼主要担心的是到了早上车子没走，影响办公楼的内部停车；学校等公共事业单位担心的主要是安全问题（上下课和上下班时间正好重叠）；商场顾虑的是周末的停车位不足等。对于上述情况，光靠社区或者居民自身去争取确实是比较困难。应该是居委、物业牵头调查本小区的实际停车需求及缺口，然后由街道出面统一协调整合社区周边的资源。这个很难一步到位，但适合一家开展一家，哪怕每个单位只能解决几个车位，积少成多也能缓解部分压力。（从调研反馈来看，现在居民对于合适车位能够接受的价位也在不断提高，基本在300～500元之间。这对于一些有闲置车位资源的企业而言也是一笔收入。)同时为了打消上述单位的顾虑,可以采用分段提供的模式,并用前期合同来规范。

分段供应——在不影响自身需求的情况下分批供应,便于及时调整和收回。

价格杠杆——(7p.m.—7a.m.)停车可享用包月价格,晚离开的话按照市场价统一按时收费。

合同约定——双方可以约定一些免责条款,避免纠纷。

惩罚机制——如果居民多次未按规定停车,造成了车位提供方的损失,可以及时终止合同并没收押金等。

中期策略

1. 大数据调研,制定我区停车数据图

为更好地缓解本区停车难问题,为未来政策制定和规划奠定基础,笔者认为制定我区停车数据图非常有必要。通过对各个小区的实际排摸,了解各个社区的缺口数量,形成杨浦区停车数据图,不仅有助于政府了解我区的汽车实际保有量,同时也可以分片区地划分停车紧张程度,按照轻重缓急,优先布置和规划合理车位。

2. 借改建时机,及时增加停车空间

对于新建小区,我们已经逐步引入了车位比的要求。但对于一些老小区及售后公房而言,改造地下和立体车库都存在资金上的缺口,而且也存在产权归属等法律法规上的问题。但是一些建设比较早的小区(如开鲁新村、市光新村等),往往在小区里就有小学或中学资源(或者其他公共资源,如社区活动中心、图书馆、公共绿地等),这些学校定期会有翻新改造工程,在改造的过程中可以规划定点建造一些地下车库或者地上立体车库,并留出独立通道归小区居民使用。甚至我们很多学校响应政策将学校沿街门面全部关掉了,这些资源有些就一直闲置着,可以将其改建为立体车库,解决部分车位。这样既响应了公益号召,又增加了学校的一块收入。

长期策略

1. 规划先行,建设大型公共停车场

随着汽车保有量的不断增加,可以预见停车难现象将会长期困扰着我们,光靠部分小区自身挖潜只是杯水车薪,面对住宅小区停车难的现实,政府应该在未来的城市规划中进行统筹安排。根据收集的大数据,参考香港的模式,在居民区集中的地方附近或者停车相对饱和的地方,建造大型立体社会停车场,通过这一城市基础设施来缓解小区内停车难的问题。社会停车场的规模要能辐射周边一定范围内的住宅区及商业用房，同时还要考虑城市发展的变化，最好是立体建筑，这样不至于占用过多的土地。对公共停车场投资建设、经营管理要按产业化的模式来运作，要突破传统体制，实现投资主体多元化，多渠道、多形式地参与公共停车场建设，形成政府、企业、个人共同参与停车场的开发建设。

2. 政策导向，引入社会资本补短板

在这次调研的过程中笔者了解到，有部分园区曾经考虑过建造立体车库来出租给附近居民，最后却被卡在相关政策上(比如这个建筑是否属于违建等)。因此要想真正引入社会资本来缓解停车难问题，必须在政策上有所导向。例如可以建立停车场作业基金，以充实资金来源；现有企业利用自有场地兴建立体停车库不属于违建；制定办法，鼓励民间投资兴建停车场，指定银行提供优惠贷款；停车场运营可享受相关税收等优惠条件，吸引民间投资建设停车场。同时也可以鼓励互联网创业企业积极开发车位共享软件，尝试使用互联网思维来解决我们现实的难题。

缓解停车难问题是一项涉及社会公共利益的系统工程和民生工程，需要我们多个部门一起携手，既要立足当前，也要放眼长远，标本兼治，多管齐下，先急后缓，循序渐进分阶段实现目标。

领导点评：

停车难已经日益成为城市一大难题，该提案与时俱进、切合实际，反映了居民的心声。第一，宋轶涵委员调研工作较扎实，对于社区的停车需求缺口做了深入的调查和实地走访，这是一份高质量提案的基础。第二，针对存在的客观问题，提案者结合实际情况提出了分阶段解决的策略，这正好与社区更新与周边规划相对应，考虑问题实事求是。第三，除了从时间维度提出建议，还因地制宜提出了将学校和商场等公共设施共享、社会资本参与、互联网与大数据应用等资源相整合的建议，操作性较强。第四，建议细致入微，提出了停车的具体管理办法，如老旧小区单向通行、更新道闸系统、价格杠杆等，兼顾考虑到了服务与管理。小区停车难是居住和交通两大问题的交集，找到问题的症结并予以解决正是人民城市重要理念的实践。

（点评者：杨浦区政协副主席翟骏）

专家点评：

宋铁涵委员的这件提案是一份经过深入调研、深度思考，言之有物、言之有用的好提案。2700 多字，提案并没有纠缠于造成停车难的原因、是哪个部门的责任，也没有陷入“领导重视＋成立机构＋政策扶持”的套路，而是本着“远近兼顾、标本兼治、急缓兼及”的思路，从短期、中期、长期三个维度，对解决居住区停车难问题提出了务实管用的意见建议。政协的各项履职活动，既要聚焦当下的热点焦点难点问题，又要关注一些事关长远发展的问题；既要立足当前，提出能够立竿见影解决问题的办法措施，又要着眼长远，提出具有预见性、超前性的意见建议。撰写提案也是如此。

（点评者：原杨浦区政协提案委员会主任周卫良）

关于确保长海路非机动车道畅通的建议

提案编号：A076

提 案 者：宋轶涵

提交时间：2017 年 1 月区政协十四届一次会议期间

为缓解长海医院门口的拥堵情况，长海路经过两轮的拓宽，并结合长海医院地下车库的改造，现在长海路的严重拥堵情况有所改善（除上午就诊高峰期间依然非常拥堵）。但为了配合长海路的拓宽，原先独立的非机动车道，现在和人行道连在了一起，由一排铁质栏杆和机动车道分隔。原先规划的非机动车道虽然和人行道相连并在同一高度，但有明显的区分：非机动车道为柏油地面，上面标识有自行车道图案，人行道为花砖地面配以盲道铺设，比较合理。由于长海医院业务非常繁忙，每日就医患者络绎不绝。有一部分患者是骑自行车或电动车前来就医，为图方便就近停放车辆，造成了从长海医院急诊大楼门口到长海医院正门这段非机动车道长期被停放的自行车和电动车所占据。

（下图为笔者雨天时所拍摄，天气好的时候车辆停放得更为密集）

上述情况造成其他正常通行的非机动车只能和行人共同在人行道上骑行，不仅容易造成碰擦，同时也存在安全隐患（特别是上午的就诊高峰期内，长海医院门口人流还是非常多的，有些电动车在人行道上车速依然很快，对于一些老年患者和行动不便患者较为危险）。很多非机动车主之所以将车辆停放在此，一方面是贪图方便，同时也是因为有围栏易于锁车。马路对面也同样存在上述问题，但由于对面人行道较宽，所以矛盾相对不突出。

为确保行人和非机动车驾驶者的通行安全，建议如下：

1. 拓展长海医院急诊室门口的非机动车停车设施（现在医院门口有一部分，但利用率不高），保障非机动车的停放需求。

2. 从长海医院急诊室到医院正门口这段路上，大约有 40 米比较宽（约 2.6 米左右）的路段，可以在靠近医院围墙的地方增设非机动车停车设施，既缓解停车需求又不影响行人通行。

3. 在围栏上安装禁止停车的标识，并由停车管理员进行疏导（笔者经过时多次发现有身着保安制服的人在现场对停车进行收费）。对于依旧乱停车的车主可由城管进行定期整治，以培养车主的停车习惯。

4. 条件允许的话，在长海医院内划设一块区域专门停放非机动车，这样既避免了占用非机动车道，同时也美化了长海医院门口的形象。

专家点评：

医院门前的交通拥堵几乎成为上海所有三甲医院门口交通问题的痛点、顽症和老大难。首先提案能直面这一难题，实地调研，图文并茂地指出问题，分析原因，提出改进思路值得肯定。其次，有具体建议，提案者经过现场调研给予了建设性改进意见，有利于促进主管部门根据建议，从解决难题的目的出发去实地探究得出处理意见。提案撰写规范、文字精练、分析到位、建议具体。

（点评者：原上海市政协提案委员会专职副主任朱钢）

承办单位点评：

该提案针对长海医院周边特别是长海路因非机动车乱停放而导致周边居民出行困难的问题，提出了对乱停放的非机动车违法行为开展集中整治、在长海医院急诊室门口区域设置非机动车停放点等建议，非常具有针对性。提案不仅有数据，还有现场照片，可以看出宋轶涵委员为撰写好提案，前期已经进行了充分的调查研究。针对医院附近非机动车乱停放问题，我局交警支队在机非隔离护栏、交通标志杆等交通设施上增设了禁止非机动车乱停放的提示牌，加强了对长海路的巡逻和整治，五角场镇政府（如今的长海路街道）落实了人员对长海路上的非机动车停放点进行管理，确保了非机动车道的通畅和有序。

（点评者：上海市公安局杨浦分局）

关于加快推进老龄化小区多层房试点安装电梯的建议

提案编号： A099
提 案 者： 朱云杰
提交时间： 2017 年 1 月区政协十四届一次会议期间

杨浦区的老龄化小区是比较多的，以四平路街道为例，鞍山新村、同济新村等小区都是比较老的多层小区，而且是明显老龄化的小区。近年来，上海市对于鼓励多层公寓安装电梯一事已经优化了很多政策，但是由于没有比较强有力的推动以及资金、操作细则的保障，周边目前尚未有启动该项目的小区。

随着老年人越来越多，年龄越来越大，实际上对于电梯的需求还是非常强的。由于老年人的影响力和话语权问题，以至于政策落地很难。

建议区有关部门能针对老龄化小区的特点进行一些调研，在区的层面上做一些推动，让老年人的诉求能够得到落实和保障。可以考虑选择部分老龄化比较明显的楼宇作为试点单位推进。

领导点评：

推进老旧多层住宅加装电梯是政府针对百姓需求推进的一项惠民工程，对提高群众生活质量、改善居住条件起到了积极作用。区委、区政府高度重视，从 2019 年起将此项工作列入区政府民生工程议事日程。朱云杰委员于 2017 年初，针对本区步入老龄化社会的特点，提出了老龄化小区多层房试点安装电梯的建议，十分具有前瞻性。撰写提案既要立足当前，又要着眼长远，利用政协位置超脱的优势，适度超前思考和研究一些经济社会发展中的热点、难点、堵点问题，想在前、谋在前，深入调研，仔细论证，提出具有前瞻性的意见建议，为党政部门决策提供参考。

（点评者：杨浦区政协副主席周海）

专家点评：

此提案特点：选题准。围绕老旧公房加装电梯、涉及百姓切身利益的大事，帮助政府把好事做好，得民心、鼓人心、显温暖；分析部分，言简意赅，切中要害。建议部分如能在熟悉政府相关政策基础上，关注其在具体落地执行过程中为何实施不了的瓶颈，那么提出的具体措施将会更具有可操作性。

（点评者：原上海市政协提案委员会专职副主任朱钢）

关于加强与高校产学研对接
助力杨浦创新驱动发展的建议

提案编号：A100

提 案 者：赵立行

提交时间：2017 年 1 月区政协十四届一次会议期间

杨浦创新驱动示范区的建设离不开高校智力之源，而著名高校在杨浦区的集中存在为杨浦区提供了得天独厚的优势。

今年复旦大学一则新闻引起不小的震动。据统计，2015 年复旦大学专利转让合同金额为 1166.94 万元，2016 年则达到 5.23 亿元。在这些数字增长的背后，反映着复旦大学科研成果的转化以及与外部的合作渐入佳境。例如：沪亚公司以 6500 万美元，获得复旦大学 IDO 抑制剂研究成果在除中国大陆、港澳台地区以外的全球独家临床开发和市场销售权利；复旦大学与虹口区共同推进上海工业菌株工程研究中心入驻“大柏树科创中心”；在上海临港经济发展集团有限公司、宝山区科委、宝山区高境镇政府的共同支持和推动下，复旦可穿戴能源材料中试项目顺利落户宝山高境镇；与杨浦区共建上海类脑智能产业创新研究院，共同设立产业引导基金，着力打造世界级类脑人工智能研发和产业孵化平台；与嘉定区合作建立了“上海精准医学产业园区”。

但从上述典型合作事例来看，复旦大学科研成果转化的外部合作呈分散趋势，尽管杨浦区也参与其中，但与复旦身在杨浦的区位优势并不相称，也与杨浦区建设创新驱动示范区的目标并不相称。为了能够更好地发挥杨浦高校集中的优势，充分利用高校研究的智力成果，让杨浦创新示范区的建设具备坚实的科研基础，应进一步加强与区域内高校科研成果的对接，并为高校科研成果的转化提供有效的联络和支持机制。为此建议：

1. 区政府层面研究设立高校产学研对接办公室，作为常设的联络机构，通过定期召开联络会，科研项目跟踪，召集政府、企业、高校三方座谈等形式，及时了解高校重大研究成果并及时研究成果转化的可行性，在高校重大科研成果的转化方面占得先机。

2. 结合杨浦区的发展规划和重大建设项目，采取委托研究的方式与高校相关研究单位进行对接。这样一方面更有针对性地利用高校智力资源，另一方面可以以项目为中心有效整合高校研究人才。

3. 对高校的研究过程提前介入。高校不缺研究人才，但是也有研究的瓶颈，很可能受到资金、设备和场地等制约，造成研究成果实际转化方面的难产。杨浦区可以以积极提前介入的方式，通过解决高校重大项目研究过程中的困难，以我为主促成科研成果的实际转化。

4. 利用网络等新媒体搭建杨浦区企业与高校成果之间的对接平台。网络新媒体具有快速、便利和直观的特点。政府作为中间人搭建平台，能够促进企业和高校之间的信任，可以大大加快高校科研成果的社会化。

领导点评：

这是一份撰写得较好的政协委员提案。一是紧扣杨浦工作中心。杨浦始终贯彻创新驱动战略，正在打造科技创新策源地，积极推动创新向创智迈进。作为杨浦的政协委员，站在本区角度积极履职无疑是不二维度。二是以充分调研为基础。杨浦拥有丰厚的高校资源，这些资源充分盘活运用是十分有前景的。通过介绍已经成功的区校企之间对接联动的经典案例，为区委、区政府科学决策提供数据支撑。三是观点明确，建议务实。这份提案核心是“加强与高校产学研对接，助力创新驱动发展”，就加强加快推动创新资源溢出校区，助推区域经济发展，提出了组织保障（成立对接办）、实施路径（委托、提前介入、搭建校企平台等），不泛泛而谈，更便于提案办理部门采纳，优化工作方案。

（点评者：杨浦区政协副主席陆静）

专家点评：

赵立行委员的这件提案从一则有关复旦大学的新闻破题，在列举周边各区对接复旦大学专利转让的数据后，直截了当地指出在复旦大学与外部合作推进科研成果转化的过程中，尽管杨浦区也参与其中，但与复旦身在杨浦的区位优势并不相称，也与杨浦区建设创新驱动示范区的目标并不相称。提案着眼于更好地发挥杨浦高校集中的优势，夯实杨浦创新示范区的科研基础提出了很好的意见建议。有好的意见建议是提案质量的重要标志，直面问题的坦率态度与解决问题的思考深度、提出建议的科学程度，同样决定着提案的质量。

（点评者：原杨浦区政协提案委员会主任周卫良）

关于垃圾分类从机关事业单位做起的建议

提案编号：A143

提 案 者：寿晓峰

提交时间：2017 年 1 月区政协十四届一次会议期间

1999 年上海市市容环境卫生管理局编制了《上海市区生活垃圾分类收集、处置实施方案》，报告首次确定了生活垃圾按照“有机垃圾”“无机垃圾”“有毒有害垃圾”分类的标准，垃圾分类工作的推进由此拉开序幕。2010 年，上海市出台《上海市人民政府关于印发进一步加强本市生活垃圾管理若干意见的通知》(沪府发〔2010〕9 号)，明确推进生活垃圾全过程分类。2012 年 1 月，上海市建设交通委和市绿化市容局联合发布《关于印发〈上海市城市生活垃圾分类设施设备配置导则(试行)〉的通知》(沪建交联〔2012〕27 号)，明确了分类标准、收集容器设置、分类标识等规范。2014 年 2 月，上海市政府发布了《上海市促进生活垃圾分类减量办法》(沪府令〔2012〕14 号)(以下简称《办法》)，确定了新的生活垃圾分类标准。该《办法》的制定和实施意味着上海垃圾分类减量推进工作进入了法治化的新阶段。

垃圾分类是对垃圾收集处置传统方式的改革，是对垃圾进行有效处置的一种科学管理方法。人们面对日益增长的垃圾产量和环境状况恶化的局面，如何通过垃圾分类管理，最大限度地实现垃圾资源再利用，减少垃圾处置量，改善生存环境质量，是当前世界各国共同关注的迫切问题之一。

垃圾分类的好处是显而易见的。垃圾分类后被送到工厂而不是填埋场，既省下了土地，又避免了填埋或焚烧所产生的污染，还可以变废为宝。这场人与垃圾的战役中，人们把垃圾从敌人变成了朋友。

垃圾分类现状分析：

虽然小区门口、马路上都设置了不同颜色的垃圾桶，但仍然存在各种垃圾混杂、垃圾随意堆放或无处堆放等问题，并对生活区域形成了围困态势。

即使居民分类拣运，但在环卫部门回收垃圾时，也未按照垃圾分类方法进行处理。大部分垃圾都有两个去向，能烧的都送到发电厂焚烧，烧不了的就送到垃圾填埋场，这也就意味着前期居民及运输环节均做了无用功。

对此，建议：

1. 机关、医院、学校等事业单位应成为垃圾减量、分类、回收和利用的主力军。

2. 广泛开展垃圾分类的宣传、教育和倡导工作，使机关工作人员及医生、教师和学生等人群树立起垃圾分类的环保意识，教会他们垃圾分类的知识，通过发放宣传册、举办知识讲座等方式，让大家都知道如何做好垃圾分类。有条件的地方，可以定期播放学习国外环保收集垃圾的视频，使开展垃圾分类逐渐成为人们的自觉和习惯性行为，养成爱护环境就是爱护自己的习惯。

3. 改造或增设垃圾分类回收的设施。可将一个垃圾桶分割成几个隔段或建立几个独立的分类垃圾桶。垃圾分类应逐步细化，垃圾分类搞得越细越精，越有利于回收利用。可以用不同颜色的垃圾桶分别回收玻璃、纸、塑料和金属类包装垃圾、植物垃圾、生活垃圾、电池灯泡等特殊的垃圾。垃圾桶上必须注明回收的类别和简要使用说明，指导居民使用。

4. 实行按分类定期分时段分类回收。垃圾回收部门根据垃圾分类的内容按照规定时间予以回收。例如每周单号回收可以利用的垃圾，双号回收不可利用的垃圾。

要真正使得垃圾分类成为长效机制，不仅要“政府重视，财政投入，科技支撑，文化引领，民众参与”五手联动，更需要法律、行政、经济、技术、文化、教育等手段多管齐下，共同推进，以此实现全社会的绿色发展、循环发展、可持续发展。

专家点评：

垃圾分类是生态文明建设的重要环节，特别在起步阶段机关事业单位如何起到引领榜样作用非常关键，该提案就此主题提出建议非常及时，非常必要。建议部分的若干条有一定的操作性和可行性。如现状分析部分增加机关事业单位垃圾分类中存在的问题，则更突出提案建议的必要性；再则提案可就机关事业单位如何自觉落实、食堂的餐饮垃圾如何处理、公文垃圾如何处理、怎样形成闭环的监督机制等等提出具体可操作的建议，利于主管部门在制定措施时更主动采纳建议，推进垃圾分类的实施，促进生态文明建设。

（点评者：原上海市政协提案委员会专职副主任朱钢）

承办单位点评：

寿晓峰委员于2017年提出的这份提案为我区提升生活垃圾全程分类实效提供了前瞻性思路。一是机关、事业单位这一重要领域发挥了引领作用。我区坚持率先推进机关及事业单位的生活垃圾分类，使其成为全区分类实效的示范表率。二是增设垃圾的资源回收设施代表了发展趋势。委员建议“垃圾分类应逐步细化，有利于回收利用”，代表了全市垃圾分类的思考与趋势，生活垃圾资源化回收利用率已成为年度重要指标，我区已在重点区域试点可回收物精细化分类。三是多方宣传教育引导了文明习惯。委员认为垃圾分类工作需要多管齐下，强调宣传倡导。我区依托分减联办工作机制，使宣传倡导工作始终保持“热度不退，氛围不减”，促进全民分类意识不断加强、分类理念深入人心、分类实效提升显著。

（点评者：杨浦区绿化和市容管理局）

关于在五角场北部区域
打造上海示范性园区高架廊道系统的建议

提案编号：A193

提 案 者：邱宜正

提交时间：2017 年 1 月区政协十四届一次会议期间

五角场城市副中心是杨浦区乃至全上海规划中一个重要的发展增长点。从五角场向北，沿淞沪路两翼已经逐步发展起来的有核心环岛商业区、创智天地科技园区、尚浦中心高端商务区等园区群，并向北延伸到新江湾城以及未来的杨浦滨江北段，其未来的发展能级潜力是巨大的。

然而，随着五角场开发的深入，由于其地理特点导致的一些短板也逐步显现出来。具体有以下一些情况：

第一，从五角场环岛出发沿淞沪路向北，不长的一段路程，就有政通路、政民路、政学路、政立路、三门路等多个红绿灯交叉路口，地面路况复杂。这些路口目前都采取普通的十字路口过街方式，因而导致从淞沪路进出环岛的车流不通畅，车辆与车辆、车辆与行人之间有多次交会，影响机动车的宏观通行效率。

第二，由于这些路口均采取地面过街方式，而淞沪路又属于车流量较大的干道，因此这一地区需要过马路的行人，往往需要等待较长时间的红绿灯，人群常常聚集拥挤，人行交通管理压力大。如果想走地下通道，则需要向五角场环岛方向绕道，既费力又会加大五角场环岛附近的密集客流压力。

第三，由于淞沪路的切割效应，五角场创智天地区域基本被切割为左右两个隔离的区域，两边人员无法自由地在两边科技园区以及江湾体育场休闲文化区域之间进行多点、快速的流通。几个横向小道路的分割，又使得创智天地区域显得比较碎片化，其作为一个有机整体的大商务竞争格局优势难以充分发挥。

第四，虽然在该地区的建设及规划中，已经考虑了五角场环岛、地铁10号线地下通道、太平洋森活地下广场、三门路下立交空中连廊等横跨淞沪路的设计，但是从总体上看，这些规划解决问题的范围仍然有限，通道口仍然不足，瓶颈现象明显，且多是依靠商业通道来连接各商务区，缺乏商务环境所需的整体性和私密性要求，因此所能发挥的系统性效果有限。

基于上述情况，在此建议，在当前五角场北部区域开发中，尽可能重视发挥高架人行廊道系统的作用。高架廊道系统作为对地下人行交通系统的补充，将具有更大的延展灵活性和服务覆盖面。

一、在淞沪路接近五角场的几个路口，建设高架行人过街廊道（也可以考虑脱离路口的概念设计发挥）。同时封闭淞沪路方向（或者整个路口的）地面过街人行通道，使得淞沪路上的机动车通行不再受行人因素的影响，从而提高通行效率。

二、可以借助沿淞沪路较宽的一侧人行道路，打造与淞沪路轴线平行的人行高架廊道，将各个横跨淞沪路路口的高架廊道串联起来，使得五角场区域的高架人行廊道系统不仅仅具备过街功能，而是形成一个网络。人员可以通过高架网络直接流动，将横跨淞沪路的创智天地区域真正连为一个有形整体。

三、可以考虑将高架廊道系统同时延伸到园区内部，增加其末端分支和连接节点，甚至直接接入一些大厦二楼的公共部位，或者和大厦外的露台公共廊道相连，使得廊道的使用效果明显提升，让人们可以更方便地从二层空间直达目的地。

四、还可以视情况考虑把高架廊道系统向北扩大规模，直通到三门路附近，把沿线的商务园区都连接囊括在内，从而扩大整个园区的规模体系。在一些高架廊道主干路段，可试点内置长距离的快速电动扶梯系统，使得即使是处于大园区南北端的人们也可以实现快速远程移动。

总之，通过较大规模的高架人行廊桥体系建设，有助于使五角场区域客流密集不均衡、交通受阻、产业园区分割的问题得到缓解。依托杨浦区特有的生态湿地基础优势，进一步利用廊道系统将杨浦区的创新园区和中央生态景观空间相连接，将有望打造出一个全上海示范性的景观和商务高架廊道应用系统，使之成为杨浦区的又一地区亮点和标志性景观。

专家点评：

这是一件很实在的提案！情况摸得清，问题分析透，建议提得实。为了写好这份提案，提案者邱宜正委员放弃了大量休息时间，用脚丈量，深入淞沪路沿线各交通路口和地下交通设施及周边园区察看实情、观测流量；用心梳理，在综合大量第一手资料后找出症结、分析成因；用情建言，撰写提案，助力解决问题。提案所提的建议大多已被采纳，有些理念性的建议也为承办单位今后研究和解决问题打开了新的思路。要写出好的提案，一定要用心用情、尽心尽力，多跑、多听、多看、多思考，既要“身入”，更要“心入”，只有这样，才能真正把问题症结搞清楚，把解决办法想明白。“不调研、不提案”的务实精神值得大力倡导。

（点评者：原杨浦区政协提案委员会主任周卫良）

承办单位点评：

邱宜正委员立足实际，从五角场北部区域地块开发、道路交通两方面深入调研，提出了“关于在五角场北部区域打造上海示范性园区高架廊道系统的建议”。该提案准确地把握五角场北部区域发展趋势，我委高度重视，一是结合地铁10号线建设了淞沪路地下空间，为行人提供便捷、安全、舒适的人行空间，减少地面人流和交通压力；二是启动了三门路下立交建设，提高淞沪路通行能力；三是实施淞沪路周边路网完善工程，均衡交通压力；四是开展“杨浦区地下通道和地上连廊开发利用机制”研究，促进城区地下通道和地上连廊建设健康有序发展。该提案极具前瞻性与现实意义，与杨浦区“十四五”规划“大创智”区域建设需求相呼应，共同推动我区交通环境和管理水平提升，指导各部门为杨浦区城市基础设施建设添砖加瓦。

（点评者：杨浦区建设和管理委员会）

关于加强海外高层次人才引进工作的几点建议

提案编号：A199
提 案 者：区政协科技委员会
提交时间：2017 年 6 月

当今世界国与国的竞争归根结底是人才的竞争。采取积极措施吸引海外人才是世界主要发达国家和新兴发展中国家壮大本国人才队伍的通行做法，也是在较短时间内突破技术瓶颈、提升科研水平的一条宝贵经验。

以“千人计划”为代表的一系列引入海外人才的战略取得了非常好的成效。当前国家正在大力推进“一带一路”，推进周边融合，需要引进更多的海外高层次人才。随着上海建设具有全球影响力的科技创新中心和杨浦加快建设上海科技创新中心重要承载区和国家“双创”示范基地的推出，杨浦区将成为引进海外高层次人才的高地。

杨浦海外人才基地以“基地共建，人才共有，资源共享，发展共赢”为理念，坚持贯彻“四个加”的工作模式，全面推进宣传推广、人才引进、项目落地、企业服务、创业环境等方面工作，取得了非常好的成效。

近五年来，基地共集聚中央“千人计划”人才 160 人，约占全市总数的 20.7%；集聚上海“千人计划”人才 100 人，占全市总数的 14.8%；集聚“浦江人才”32 名。新增“3310”计划创业企业 131 家，累计集聚“3310”计划创业企业 203 家、海外人才创业企业 564 家。其中“3310”计划企业吸引了一大批高层次人才就业，企业带动就业率达 1∶15.3，远超区域内企业平均带动就业率。

在海外构建海外招才引智网络已初见成效，设立了上海杨浦美国创新中心暨杨浦海外人才基地驻硅谷首席代表处，驻德、澳招才引智联络站。组建了以知名海外高层次人才领衔的工作团队，积极宣传杨浦创新创业环境，推介"3310"计划引才政策，开展项目前期对接，深化与当地创业孵化器、风投及华人华侨社团的密切合作，推进国际化引才网络建设，组织了一系列海外人才杨浦考察活动，促进了海外高层次人才了解杨浦、落地杨浦，为杨浦区引入海外高层次人才起到了重要的作用。

杨浦区已经成为国家级双创示范基地，为了吸引更多的全球优秀人才加盟，打造最具国际影响力的双创中心，特提建议如下：

一、构建更广泛的招才引智网络

在杨浦美国创新中心，德国、澳洲工作站的基础上，考虑在高端科技创新人才集聚的国家和地区，优先考虑"一带一路"沿线的核心国家和地区，增设招才引智工作站，扩充海外华人华侨协会合作队伍。引才工作站建设可以向欧亚国家和地区延伸，如欧洲的英国、法国、意大利等一直是中国留学人员较为聚集的几个国家。尤其在英国脱离欧盟的新形势下，扩大杨浦"3310"计划在英影响力，吸引更多在英留学生来杨浦创新创业。在日本、新加坡等留学人员集聚的亚洲国家建立引才工作站，进一步拓展杨浦人才基地的引才工作网络和渠道。随着更多的海外工作站的设立，海外直接引才的力度将大大增加，从而形成海外高层次人才引进网络的全球布局，随着端口的前移，争取引才方面将拥有更多的主动权。

二、与更多优秀的国际化机构展开合作

进一步加强与专业第三方的合作，包括国际化程度较高、国际合作广泛开展的高校、科研院所、社会风险投资机构、科技园区、第三方中介组织。通过上述机构在各海外地区的网络和行业影响力，开展一系列的海外高层次人才论坛及宣传推介引进活动，逐步建立和完善高层次创新创业人才信息库，全面动态地掌握高层次人才总量、结构、专业、分布等情况，围绕产业链优化配置高层次科技创新创业人才链，为杨浦创建科创中心创新创业集聚区积极引进和储备一批高端国际化人才，使"3310"计划产生更大的实质性贡献。

三、加大国际创客空间的建设

在营造国际化环境、组建国际化团队、推进国际化合作、引进国际资本方面，国际创客空间是一个重要的载体和集聚中心。杨浦区 Innospace＋在引进国际创客和项目方面已经有一定的成功经验，需要引进和培育更多的国际创客空间，以吸引更多的海外高层次人才来杨浦，集聚创业资源以培育国际创客项目，助力发展壮大。

领导点评：

2017年初，区十四届政协科技委员会组建伊始，就将提交集体提案列入专委会年度工作计划，并动员专委会全体委员积极选题。委员们通过认真讨论，集思广益，最终确定了杨浦在建设“三区一基地”的背景下，如何引入更多全球优秀人才这一提案选题。为撰写好提案，委员们进行了广泛深入的调研，掌握了翔实的数据，提出了构建更广泛的招才引智网络、与更多优秀的国际化机构展开合作、加大国际创客空间的建设三点针对性、可操作性强的建议，充分反映了集体智慧，体现了专委会的专业特色，是一份视野宽、质量高的好提案，为承办单位务实、接地气的提案答复打下了坚实的基础。作为十四届区政协第一份政协专门委员会集体提案，科技委员会充分发挥了示范引领的作用。

（点评者：杨浦区政协副主席李长毅）

专家点评：

这是一件非常独特的提案，通篇没有提问题、说不足，而是在充分肯定杨浦海外高层次人才引进工作成绩成效的基础上，着意在“进一步”“拓展”“扩充”“完善”“更多”“更大”上下功夫，提出了建设性的建议，是一份意在“鼓劲”、重在“推进”“完善”的好提案。在政协包括提出提案在内的各项履职活动中，敢于直面问题、勇于提出批评意见是坚持“团结、民主”主题的应有之义，而主动发现并充分肯定相关工作的主流和主导方面，本着“帮忙”“助推”的态度，真诚地把脉问诊，以建设性的意见建议，帮助相关部门厘清思路、解决问题、推进工作，也是新阶段人民政协工作实现建言资政和凝聚共识“双向发力”的必然要求。

（点评者：原杨浦区政协提案委员会主任周卫良）

关于集聚行业领军企业带动创业创新提高“双创”对区域经济发展贡献度的建议

提案编号： B022

提 案 者： 孟群舒

提交时间： 2018 年 1 月区政协十四届二次会议期间

杨浦区作为近代中国工业的发源地，近年来着力推进转型发展，相继提出“知识杨浦”“创新杨浦”“创业杨浦”的定位，走出了一条老工业区转型发展的新路。如今，杨浦已成为具有全球影响力的科技创新中心重要承载区和首批全国大众创业万众创新示范基地，创业创新氛围日益浓厚，目前正向高水平国家双创示范基地、国家创新型示范城区等目标迈进。大众创业、万众创新成为杨浦的亮丽名片和发展特色。然而，从产业结构上看，发展“双创”容易陷入“小而散”的现象，如果缺乏产业导向，不能围绕重点产业形成集聚优势，就难以做大做强，出现“双创”对区域经济发展的贡献度不高问题。实际上，这已成为各地发展“双创”时面临的普遍现象。杨浦如何寻找未来的重点产业方向，并围绕这些方向加快培育“独角兽”企业，形成产业集聚，引发“临界质量”，也就是知识、技术、人才、企业数量积累到一定的临界点，让行业像原子反应一样大爆发，并剧烈扩展，从而真正形成支撑杨浦未来发展的“四梁八柱”，仍是一道待解的难题。

从目前看，大众创业、万众创新也与自然界中的生态系统一样，既相互独立，又相互联系，产生了一种整体效应。要培育和完善创业生态系统，要从生态群落和生态环境两方面着手。

一、聚焦行业领军企业，发挥龙头企业对“双创”带动作用，做强上下游产业链

从目前全国创业企业格局看，中国互联网未上市创业公司估值前30名的公司，80%背后有BAT的身影。目前，多数独角兽企业的背后是BAT。北京因为集聚了百度、京东、小米等互联网及科技巨头，创业生态圈不断扩大；阿里巴巴总部所在地杭州，集聚起一大批创业企业，杭州成为近一两年来国内人才流入最多的城市；而腾讯、华为所在地深圳，更是一片创业热土。行业领军企业因为拥有资金、渠道、用户、流量等各种资源，并代表了科技创新的风口和风向。行业领军企业可以通过股权联系和合作关系，与其他创新企业形成人才、技术、品牌、创新成果良性互动，大大加速创业企业或创新项目的成长，从而进一步吸引更多创业创新企业集聚。从这个意义上看，杨浦需要高度关注能够带动大批创业企业发展的行业领军企业。建议大力引进具有全球影响力的科技创新企业，吸引世界500强研发中心、掌握核心技术的行业领军企业入驻杨浦，将其作为带动“双创”的主力军，也是带旺园区、吸引各路创业者的“主力店”，充分释放其品牌、人才、资本和技术方面的溢出效应，形成行业领军企业与初创企业共生共荣、良性发展的局面。

二、研究产业发展趋势，制定产业政策，建设产业公共服务平台

建议杨浦区产业部门深入研究行业发展趋势，结合杨浦自身优势特点，依托复旦、同济、财大、上理工等高校，制定相应的产业政策，有针对性地吸引行业领军企业入驻。同时，要围绕确定的产业方向，积极建设基础资源和产业公共服务平台，可通过政府购买服务等方式建立，从而降低创新创业企业的成本。同时，建议政府出面，整合政产学研用等各种资源，推动区内高校院所、领军企业和各类创新型企业共同建设产业公共服务平台，向人工智能创新创业提供研发、检验评测、标准、知识产权、创业咨询等专业化服务。

三、谋划人才战略，集聚领军人才，用温馨服务和事业平台吸引“大咖”加盟

人才是一切事业发展的核心和根基。一个产业能不能发展起来，大批企业能否集聚起来，关键要有有号召力的重量级人才加盟。建议围绕杨浦的产业基础和发展方向，发挥杨浦高校和研究院所优势，启动具有杨浦特色的人才工程，有针对性地集聚“千人计划”、上海市领军人才、业界重量级人才加盟，引进具有国际领先水平的海内外高层次人才，着力培育重点产业的领军人才，吸引他们到杨浦创新创业。这当中，政府要注意环境营造，要提高人才服务的针对性和有效性，建议设立人才发展中心等服务实体，设立专项经费，着力解决人才的各类需求，关注人才关心的共性问题。如就医绿色通道、医疗保险、子女入学或托管看护等，创造让人才安居乐业的环境。

四、突出制度供给，优化营商环境，让“四新”企业更容易生长壮大

上海市委书记李强指出，现在经济社会发展最缺的是制度供给。对经济社会中出现的新情况新需求，要增强制度供给的及时性。对“双创”而言，很多创业项目属于“四新”，企业在注册、运营等诸多环节都可能遇到现行政策难以适应的情况。因此，以“双创”为特色的杨浦，尤其要敢于改革，加强制度供给，下力气优化营商环境。区委书记李跃旗在十一届市委三次全会小组讨论时说，杨浦正探索在银行网点提供企业工商注册登记，设立“无否决权”的人才服务窗口等。建议这样的便利举措可以更多一些。

领导点评：

大众创业、万众创新是杨浦经济发展的特色和名片，但“双创”企业往往“小而散”，难以做大做强，对区域经济发展贡献度不高。围绕杨浦应该如何破解这道难题，提案者在经过深入调研后，提出了产业发展“生态群落”和“生态环境”的概念，并从发挥龙头企业对“双创”带动作用、建设产业公共服务平台、集聚领军人才、突出制度供给四个方面提出了具体的建议。提案提交后，受到了提案承办单位的高度重视，表示将积极采纳，转化为今后的政策措施。撰写政协提案要牢固树立“围绕中心、服务大局”的意识，主动融入发展、参与发展、服务发展，该提案就是区政协委员围绕党政中心工作认真履职建言的生动案例。

（点评者：杨浦区政协副主席李长毅）

专家点评：

孟群舒委员的这件提案直面了如何提高“双创”对区域经济发展贡献度——这个各地发展“双创”时面临的普遍现象。提案在问题描述和原因分析的基础上，从生态群落和生态环境两方面着手，提出了很好的对策建议。提案对问题的剖析、提建议的角度，很有媒体人的个性和烙印，很有政协委员的责任和担当，值得点赞。通过提案用好政协“话语权”，既要发挥位置超脱的优势——能说、敢说、会说，更要保持担当作为的定力——说好、说准、说对，使政协的建言成为“党委可采纳、政府能转化、部门易操作”的良策，体现政协的价值、政协委员的价值。

（点评者：原杨浦区政协提案委员会主任周卫良）

关于“留改拆”并举基调下推进我区旧区改造的建议

提案编号：B024

提 案 者：民进杨浦区委

提交时间：2018 年 1 月区政协十四届二次会议期间

为了深化城市有机更新，上海市人民政府于 2017 年 11 月 9 日出台了《关于坚持留改拆并举深化城市有机更新进一步改善市民群众居住条件的若干意见》(沪府发〔2017〕86 号文)(以下简称 86 号文)，为今后的旧区改造提出了“留改拆”并举的新思路和新要求。为此，民进区委在进行充分的调研后，就我区在“留改拆”并举的政策基调下，如何持续推进旧区改造提出意见和建议。

一、在“留改拆”并举基调下，我区旧改存在的问题

1. 历史建筑布局分散，“留改拆”并举难度大

杨浦区城市发展历史久远，不仅有滨江工业起源发展传承，也有“大上海计划”的民族复兴梦想记忆，更有高校集聚优势。然而，由于历史原因，我区的历史建筑单个建筑体量较小，且布局比较分散，大多零星分布于已建成区域，难免会出现在成片开发地块中，存在需保留保护零星历史建筑的矛盾。

2. 协商置换模式的规范性不强

我区对于一些未列入成片旧区改造的旧住房改造地块，大多采用“协商置换”方式，进行住户搬迁安置。“协商置换”模式，主要以协商为基础，通过谈判的方式进行征收及被征收，无法取得征收公告，法律的强制性与保障性不强，容易导致谈判后的基地征收无限期拖延(如政府无法做出补偿决定、强行征收

等），从而影响城市改造进程。

3. 部门间协调机制需完善

一是针对86号文提出的“留改拆”，涉及保留保护历史建筑的问题，需相关部门介入旧改协调工作；二是旧改中民众参与度需要进一步提升，以保障其参与权、监督权；三是旧改实施主体尚需进一步明确。

二、相关建议

1. 以“城市有机更新”理念，推进旧区改造

一方面，要打破以往以拆除重建为主的政策制定路径，优先考虑保留、保护历史建筑，传承历史文脉，保留城市特色；另一方面，在保留原有建筑的前提下，将房屋等级在二级旧里以上的地块，也纳入旧区改造范围，并针对不同类型的老旧小区进行合理改造，通过“补短板、提品质”实现有机更新。

2. 妥善解决历史建筑保护与整体开发之间的矛盾

一是对区域内的历史传承脉络做进一步梳理、提炼，以便对城市有机更新的方向、步骤、重点，做出明晰的规划布局，为进一步推进旧改奠定基础。

二是对成片开发地块的规划方案，进行充分的科学论证，在保证规划方案与建筑保护协调的基础上，做到地块开发的最佳利用。

三是对于确因历史建筑的保护而影响整个地块正常开发的，应建立“一事一议”的协调机制，针对不同级别的历史建筑和开发项目类型，做到分类施策。原则上，以保护历史建筑为第一要务，特例情况可采取就近异地保护重建的方式，对原有建筑进行保护，妥善地解决历史建筑保护与整体开发之间的矛盾。

3. 制订符合区情实际的征收补偿政策

一是改善“协商置换”政策。建议对现有的“协商置换”方式，参照征收相关法律法规，给予政策面的明确，并加强后续的法律强制保障性措施，使“协商置换”结果得以顺利实施。

二是大力引导货币化安置。根据我区实际情况，建议在保障基本功能、保障困难群体的基础上，大力引导货币化安置。86号文提出“坚持实物安置与货币化安置并举”的原则，但未硬性规定其中的比例，这就为我区制定符合区情的征收补偿政策，提供了相应的空间。

三是加大优惠鼓励政策。建议通过政策引导，鼓励支持货币化安置后，在市场上购买住房的被征收人优先购房，比如取消摇号等；同时，对有改善需求或多余房屋的业主，通过优惠政策鼓励其将住房出售给被征收人，在不对市场产生较大冲击的情况下，形成良性互动，保证货币化安置的顺利实施。

4. 进一步完善旧区改造协调机制

尽快形成由旧改指挥部负责总体协调，房屋征收中心负责征收落实，城投集团及征收事务所负责征收实施，街道(镇)负责群众工作的征收协调体制。

一是基于86号文将市文物局增补为市旧区改造领导小组成员单位的相关政策，尽快将区文管委纳入我区旧改工作机制中，并发挥重要作用。

二是进一步提升街道在征收工作中的地位与作用，发挥街道的群众工作优势，提高群众在旧区改造中的参与力度。

三是进一步明确区城投集团及其所属征收事务所的旧改实施主体地位，逐步梳理其人事、业务等管理机制，提高队伍的凝聚力。

旧区改造是重要的民生工程。我们相信在“城市有机更新”理念的引领下，在“留改拆并举、以保留保护为主，保障基本、体现公平、持续发展”的政策基调下，我区的旧区改造工作将继续有条不紊地向前推进。

专家点评：

民进区委这件提案是一件很典型的“两段式”提案，在简述选题背景后，直截了当地提出了在“留改拆”并举基调下，旧改工作存在三个方面的问题，紧接着，针对问题从四个方面提出了11项具体的意见建议。提案反映问题准确全面、分析问题精准到位，所提建议具有较强的针对性和可操作性，是一份质量较高的提案。一件高质量的提案，一要开门见山，简述选题的背景(理由)，直奔主题，不穿靴戴帽、枝蔓繁复；二要一针见血，提出问题分析问题要直言不讳，不拐弯抹角、旁敲侧击；三要见解独到，提意见建议要“言人之所未敢言”“言人之所未能言”，有胆有识，不人云亦云、随波逐流。

(点评者：原杨浦区政协提案委员会主任周卫良)

提案者自评：

旧区改造是政府民生工作的重点。多年来，以拆迁(征收)为主要方式的旧改给老百姓带来了较为实在的福祉，但也在一定程度上影响了城市脉络、文化积淀、城市特色的传承。上海市人民政府于2017年11月9日出台了《关于坚持留改拆并举深化城市有机更新进一步改善市民群众居住条件的若干意见》，提出以“城市有机更新”的理念，多途径、多方式推进旧区改造，并优先考虑保留、保护和传承历史文脉。民进区委在觉察到该政策风向后，及时进行了深入调研，提出了妥善解决成片开发地块内历史建筑保护与整体开发之间的矛盾、完善“协商置换”方式进行改造的法律保障措施、制定符合区情实际的征收补偿政策、积极推进安置房市场化调节等有针对性的意见与建议，为区委、区政府及时进行政策调整，适应旧区改造新形势、新要求提供了较有力的帮助。社会主义新时代背景下的各项工作都具有创新性、挑战性，敏锐地捕捉到形势的变化，并针对性地提出应对措施与建议，是新时代提案工作的“新特点”“新要求”。同时，提案工作逐步向“专业化”“精准化”发展，才能找准脉络、把握要点，实实在在地为政府工作建诤言、献良策。

关于激发“江湾—五角场”核心商圈活力提升杨浦商业发展水平的建议

提案编号：B028

提 案 者：农工党杨浦区委

提交时间：2018 年 1 月区政协十四届二次会议期间

一、发展核心商圈，提升杨浦商业发展水平的必要性

商业在推动城市发展、增添城市活力、丰富居民生活等方面发挥着重要作用，商圈是商业经济的核心载体。根据《上海市城市总体规划（2016—2040）》描绘的蓝图，2040 年的上海将是更具活力的经济繁荣之城、各大商圈齐发展的魅力之都。规划中，杨浦区是本市打造全球城市过程中的重要承载区，包含公共活动中心体系中最核心的城市主中心和城市副中心建设任务。如何激发出核心商圈的活力，以此全面带动杨浦整个商业的发展显得尤为重要。

“江湾—五角场”地区向来是杨浦商业的核心区域，1999 年市政府将其列为上海四大城市副中心之一，逐步成长为上海东北部的旗舰型高端商业中心。目前，新时代上海的发展赋予了杨浦新的使命，要发挥“江湾—五角场”商圈的核心功能和对经济社会发展的拉动效应。

二、“江湾—五角场”核心商圈的现状及存在的问题

1. 五角场商圈的销售额还有较大提升空间。根据 2016 年购物节期间银联 POS 刷卡数据，销售额排名前三的市级商圈依次为南京西路商圈（7.9 亿元）、南京东路商圈（6.8 亿元）、小陆家嘴张杨路商圈（5.7 亿元），三个商圈的销售总额占市级商圈总量的 50%。五角场商圈的销售额仅占第九位，与销售额靠前的商圈有较大的差距。

2. 五角场商圈的客单价在全市商圈中不占优。从客单价来看，各大商圈呈现内高外低的态势，中心区商圈的客单价整体上比外围商圈高 2～3 倍。豫园商圈因主打珠宝销售，客单价高达 2840 元领跑全市，虽然五角场商圈的客单价在外围商圈里居前，一旦与中心区的优势商圈做横向比较，仅排名在第十位。

3. 五角场商圈的客流量不低但转换率不高。从来源地看，市级商圈的人流三成来自外地，七成来自本地。五角场商圈的外地客源比例约为 33%，与排名靠前的三个商圈南京东路商圈（41%）、大宁商圈（38%）、小陆家嘴张杨路商圈（35%）差距不大。将市级商圈每小时平均人流量进行排名，小陆家嘴张杨路商圈是人流量最高的商圈，五角场商圈排在第六位。

“人气”高并不意味着“财气”高，五角场商圈的消费转化率低于 0.1，平均每进入 10 人消费次数 1 次都不到。让进入商圈的消费者产生购买意愿是提升商圈活力下一步需要努力的方向。

三、激发“江湾—五角场”核心商圈活力，提升杨浦商业发展水平的建议

1. 凸显“异质性”“嵌入性”“互惠性”，构建商圈生态系统。经过改革开放近 40 年的发展，上海实体商圈在进入高度繁荣期的同时也进入高度同质化的阶段。五角场商圈要以构建健康生态系统理念出发，在更高起点上重塑商圈形象。异质性方面，积极探索政府主管部门与行业协会、商业联盟等新兴商业主体之间的互动与沟通，自觉在品牌、业态、消费层次、目标客户等方面形成错位。鼓励商家迭代创新，加大引入品牌旗舰店、买手店、主题店，增设免税店、无店铺销售等新型商业形态。嵌入性方面，要围绕大型购物广场，把商超、便利店、菜市场、药店、商业银行、快递服务、快餐店、汽车美容等不同业态组合好。互惠性方面，要发挥好“时尚五角场”“创业五角场”等移动客户端的作用，商圈与附近复旦、上财、同济等高校设置联合创新实验基地，鼓励学生商业创新创业项目在商圈应用。

2. 注重“大服务”“大融合”“大创新”，构建商圈智慧系统。要达到良性的生态循环系统，关键要基于对商户、消费者、周边环境等要素进行精准分析，改进商业规划和配套，解决商户和消费的痛点问题。杨浦的智慧商圈建设，不能仅仅满足于智慧商圈无线 AP 覆盖率和公众号、微信号的应用开发。要统筹好、整合好商圈内的智能设备所采集沉淀的数据，经过挖掘分析，全面掌握消费者的区域分布、购买兴趣、消费水平和行为习惯，以“大服务”为导向，科学指导商圈店铺调整、动线设计、交通优化、停车引导。所谓“大融合”是指商圈线上线下的融合和商业与生活场景的融合。鼓励线下实体商户与互联网经济进行合作,更多借力互联网技术,在支付方式、流量导入、营销方案等具体项目上尝试革新,巩固线下商铺的体验消费优势。生活场景的融合则是积极引导线下商户以实体商业为主入口,连接医疗美容(二军大、长海医院)、体育场馆(江湾体育场)、教育培训(学校资源)、文化艺术(资源不多)等消费者需求,打造满足多元化需求的消费闭环,使商圈成为消费者的生活社交平台。关注下一代的消费需求,以“大创新”保持商圈的活力,例如引入 VR/AR 技术打造智慧门店,阿里巴巴和酷家乐联手在美克美家落地家居智慧门店,实现 720 度全景智慧导购、虚拟货架、App 支付、线上分期金融服务,实现线下门店的数字化、虚拟化。

3. 突出“商”“旅”“文”相结合,构建商圈文化特色。结合销售量分析,市级商圈的消费模式总体上是以高频次的餐饮消费带动人气,以百货和服饰为主打释放购买力,以珠宝、教育、母婴等业态满足中高端需求,弱化超市、生活等低端业态的占比,体现出消费升级转型的趋势。从国际上商业发展经验来看,已经逐步从 CBD(中央商务区),发展到 CRD(中央休闲区)、CCRD(中央文化休闲区)。成功商圈的打造除了商业转型升级,必须附加艺术、历史、文化、旅游等元素,满足人们多元化的体验需求。五角场商圈还有很多“宝藏”等待挖掘,例如,周边的杨浦区图书馆、飞机楼、江湾体育场可以构建老上海风情主题,对大学路和创智天地板块青春、创新、科技元素的挖掘,政肃路周边以鹿鸣书店为中心的书香主题的衍生,在该板块考虑建设大型的文化设施来弥补杨浦核心地段缺乏文化场馆载体的缺憾。

专家点评:

这是一件比较规范的“三段式”提案,即由选题背景、现状分析、意见建议三个部分构成。选题背景部分,提案者简要阐述了发展核心商圈的“必要性”;现状分析部分,提案者没有笼而统之说事,而是凭事实说话、用数据支撑,直击商圈存在的三个问题;意见建议部分,提案者用了三组九个关键词,从三个方面提出了具有一定前瞻性和建设性的建议。提案呈现了主题鲜明、重点突出、建议实在和内容翔实、层次分明、行文规范的特点。“三段式”提案格式,促进了撰写提案“有情况、有分析、有建议”的原则,使要求能落地、能操作、能检验,也从客观上要求提案提出问题更聚焦、分析问题更透彻、提出建议更明确,可在不断总结完善的基础上加以推行。

（点评者：原杨浦区政协提案委员会主任周卫良）

提案者自评：

“江湾—五角场”是上海市城市副中心，对杨浦经济社会发展有着非常重要的影响。选题聚焦这一区域的商圈，为更好地促进该地区经济社会发展出谋划策。提案基于主笔人葛宏波整合复旦大学专家资源团队的优势，利用大数据信息，了解“江湾—五角场”商圈近年来的发展状况以及在全市的排名位置。除了数据资料查询，葛宏波副主委亲自带队，赴相关职能部门以及商圈实地调研。提案详细分析了“江湾—五角场”核心商圈的现状及存在的问题，提出了构建商圈生态系统、商圈智慧系统以及商圈文化特色三条建议，这些建议既有宏观战略性，也有微观的可操作性和针对性。

关于杨浦滨江对标国际城市打造世界一流滨水区的建议

提案编号：B029

提 案 者：致公党杨浦区委

提交时间：2018 年 1 月区政协十四届二次会议期间

整个杨浦滨江岸线长 15.5 公里，分为南段（秦皇岛路—定海路）、中段[定海路—翔殷路（含复兴岛）]、北段（翔殷路—闸北电厂）三部分。目前已实现部分岸线贯通开放，赢得市民广泛赞誉。按照市委、市政府对杨浦滨江综合开发的指示要求，杨浦南段滨江正朝着建设具有“历史感、智慧型、生态性、生活化”的方向迈进。

作为上海黄浦江两岸“第五代”滨江，市委、市政府提出：杨浦滨江必须向世界一流滨水区域看齐。这是一个非常正确的定位，杨浦滨江为上海黄浦江城区范围最大的未更新区域，站在一个时代的制高点上，对标国际城市滨水区建设经验，不断学习和超越，是杨浦滨江综合开发的历史使命！高起点定位杨浦滨江，从伦敦金丝雀码头、巴黎左岸更新、巴塞罗那 21cn 滨海更新区、纽约河滨开发更新等世界城市优秀案例中吸取经验，把握当前城市发展的未来走向，尤其在建设的策划、规划设计、运营管理等层面，强调全过程的高水平建设。同时，研究滨江综合开发不同阶段的经验，陆家嘴以“金融”为先，徐汇以“文化”引领，杨浦滨江是否可以更强调“创新宜居”？根据国内外城市滨水区研究的广泛考察和研究，特提出以下建议。

一、强调滨水区域的纵深开发与更新，构建完整滨水公共空间体系

滨水区域具有大都市最好的生态资源。目前杨浦滨江的重点尚在沿江一线，从世界城市经验出发，纵深的规划尤其重要。以巴黎塞纳河为例，巴黎城市最重要的公共空间均以与塞纳河垂直为原则，通过纵深轴线的强化，把河流水域景观、生态资源引入纵深的街区开发，实现资源最大化。因此，建议杨浦滨江开发要在纵向规划上下功夫，留出多尺度空间廊道、绿带、街道、广场，避免沿江一条线、一个面，而是形成一个纵深“网络”，打造公共空间的完整系统。

二、强化地下空间网络的设计与开发，构建完整地下空间系统

地下空间开发是高密度城市滨水区建设的重要策略，是框架性的基础设施建设，需要在建设之初就要全面规划和关注。陆家嘴开发最大的遗憾，就是限于当时观念与投入，没有形成完整的地下空间规划。以杭州钱江新城为例，从规划设计之初，就先建立地下空间网络，尤其在城市中轴，以市民中心与城市阳台为节点，形成具有辐射性的地下空间网络。建议在杨浦滨江力求做到：地铁联系作用最大化，地下空间网络化，未出让单体地块均留有接口，建立所有地块的地下公共空间管理导则，强化地铁、基础设施与地块的一体化开发等。

三、挖掘杨浦工业遗产价值，抓牢几个重要节点，建立国际水准的文化区

杨浦滨江有系统多样的宝贵工业遗产，可以形成上海近代工业的完整展示路线，抓牢几个关键节点，引入重量级的文化设施非常重要。西班牙重工业城市毕尔巴鄂滨水区因古根海姆博物馆的引进，带动了整个城市复兴，被称为“毕尔巴鄂效应”；伦敦泰特美术馆由伦敦发电站改建而成，成为世界级艺术重镇。杨树浦发电厂再加上船厂等几个点，是具有“世界水准”的工业遗产。建议不能仅仅做商业性开发更新，要做足文章，使之成为“引领性文化地标”。杨浦的复兴岛有潜力成为一个世界级的文化岛，对标柏林的博物馆岛等，需要创新性去策划、谋划。

四、创新杨浦滨水区域功能性规划，打造“二十四小时城市”

现代城市滨水区域往往因为土地价值高，以办公等为主要功能，易形成晚上的“空城”。因此在巴黎塞纳河左岸、波士顿工业区更新等区域，特别强调“宜居”的、具有街角生活的中高密度城市滨水区，适当化解建筑与街区尺度，加大街区密度，这也是特别适合“创新创业”企业和人群的城市空间。建议杨浦滨江要在功能性规划上下大功夫，形成“创新宜居”、具有城市活力的“不夜城”。

五、打造“生态前沿”为品牌的国际领先城市滨水区

绿色生态是一个大的世界性潮流，并且远远不止目前的绿色建筑，应从城市的骨架、结构、根本布局上去构建“生态”基底，形成具有国际领先性的“生态城区”。建议杨浦滨江未必使用过多昂贵技术，要强调主动性技术与被动性技术的结合，尤其是被动性技术与城市建筑建设的一体化，尤其关注自然资源能源利用。研究一下生态城市挑战：风、光、热、水的“能量流”如何规划、热岛效应如何减弱、应对雾霾的风廊如何引入、河流生态效应如何最大化发挥、创新性引入立体绿化导则等。立足于一个“垂直绿色城市”，使之成为杨浦滨江的一个品牌。

专家点评：

致公党区委的这件提案是一件质量较高的好提案。一是提案全文紧扣“对标国际”“世界一流”这两个关键词展开，对标国际城市滨水区建设经验分析现状、提出问题，瞄准“世界性潮流”提出意见建议。二是提案者既注重发挥专业优势，运用专业的视角分析问题、提出建议，又不囿于专业范围，用社会视角看问题，将专业知识与先进理念、具体实际结合起来，预设了提办双方目标一致、方向一致的前提。三是提案层次分明、文字凝练，思路清晰、见解独到。确立有意义的课题、开展有深度的调研、提供有见地的分析、形成有水平的建议，这是雕刻打磨一件好提案的基本路径。

（点评者：原杨浦区政协提案委员会主任周卫良）

承办单位点评：

该提案作为2018年度区政协重点提案，为杨浦滨江打造世界一流滨水岸线提出了十分具有专业性和前瞻性的指导意见，分别从打造腹地与公共空间连通、构建完整地下空间系统、建设国际水准文化区域、滨江功能定位、生态城区建设等方面对标对表全球典范城市滨水空间建设案例，让滨江建设者们学习参考。2017年，滨江完成了西段2.8公里滨江公共空间的建设并对百姓开放，2018年1月收到该提案，此时正值滨江东段2.7公里（杨浦大桥—定海路桥）贯通施工期间，提案中相关重要参考案例为滨江在建设周期以及建成后的功能布局等方面提供了非常具有参考价值的意见建议，为我们杨浦滨江在新一轮城市更新中发挥出应有的典范效应提供了先行思路，充分体现出致公党杨浦区委对杨浦滨江发展的高度重视以及深切期盼。

（点评者：上海市杨浦滨江综合开发管理指挥部办公室）

提案者自评：

选题紧扣杨浦区发展热点杨浦滨江区域，提出了打造世界一流滨水区的建议。提案基于主笔人李麟学等对于世界各地城市滨水区的长期学术研究，详细走访考察了杨浦滨水主要区段，梳理出杨浦滨江的独特资源，提出杨浦滨水区的纵深街区开发、地下空间系统、工业遗产挖掘、混合功能规划，以及绿色生态前沿五个方面的重要内容，以期借此发力，对标世界级滨水地区。提案既来源于长期的积累和研究，也密切结合实地调研，并与当年度的区委调研课题紧密结合，从而使得提案能在视野高度、问题剖析、措施落地等方面做到言之有物、言之有理和言之有策。

关于加强“两隧”军工路沿线环境状况管理的建议

提案编号：B043
提 案 者：民建杨浦区委
提交时间：2018 年 1 月区政协十四届二次会议期间

杨浦区“两隧”军工路地段（军工路隧道至翔殷路隧道之间）的环境整治效果一直不理想。军工路地段堆场、码头、混凝土搅拌站多，这是特定区域经济发展过程中发生的问题。为此，民建杨浦区委专门开展了关于“两隧”军工路地段环境状况的专题调研，本次调研的具体区域为环上海理工大学军工路校区周边地带，涉及长白新村街道与定海路街道，主要通过对上海理工大学军工路校区周边环境质量和道路交通安全两方面进行调研。

一、“两隧”军工路沿线环境质量现状

“两隧”军工路附近的复兴岛运河和虬江，地跨定海路街道与长白新村街道，河流水质处于轻度富营养化状态，空气中多悬浮颗粒物，扬尘严重，空气质量一直得不到根本改善。目前中环路高架下，军工路上重型卡车多，道路施工基本结束，噪声超限值现象正得到部分改观，但附近居民和学生的正常工作和生活仍然受到一定的影响。

在道路交通安全方面，随着上海理工大学军工路校区的整合发展，现有公交线路已经无法满足居民和学生出行的需求。如果学生选择单车出行，鉴于军工路未划分非机动车道，人多车多，非机动车和机动车抢道现象屡见不鲜。中环路高架下未划设自行车道，随着“环上理工创新创业街区”的规划建设，对自行车道的需求愈发迫切。且在共享单车投放背景下，中环下及大学周边急需自行车道规划。

从2016年开始，杨浦区相关职能部门就对道路的污染等方面采取了一系列的整治措施，例如对运输企业加大管理力度、落实“集团化”作业的强力清扫模式等，成效明显。虽然在一定程度上改变了道路“灰头土脸”的状况，但是要想实现环境质量的综合提升，需要从大气、水、噪声，还有预拌混凝土和道路交通安全等多个方面着手，同时还要贯彻落实好杨浦区环境治理的河长制，共同建设好环境优美的新杨浦。

二、中环下军工路道路交通安全隐患

我们对军工路“两隧”之间沿途的主要交通安全隐患情况进行了调研分析，重点表现在三个地段。第一，334号校区门口，人行横道红绿灯时间超短，行人需要快速行走才能穿越马路，因此闯红灯现象严重。且该处附近有一个高架出口，车辆较多，转弯掉头的车辆多，两侧靠近人行道路又比较窄，十分危险。第二，海安路路口附近，往返复兴岛的大型车辆较多，车辆闯红灯现象严重。第三，控江路火车道和松花江路火车道处，经常过火车，每次火车经过的时间较长，道路两侧等待的行人和车辆较多，待道路通行后，行人和车辆争抢通过的现象严重。

由于军工路开辟自行车道调研涉及当地各个方面的道路问题，需要了解造成目前交通现状发生的具体原因，概括为以下三点：

1. 共享单车在提供便利化的同时，对交通规则的跟进提出了挑战。共享单车越来越多，在给人们带来方便的同时，也存在许多交通问题，需要合理地安排自行车停放点，防止乱停乱放等问题，影响人们出行。

2. 自行车道应该与人行道分离，规划新的自行车道。这样防止自行车与行人抢道、与机动车抢道。同时，一位交警反映由于自行车随意骑行，特别是逆行或者岔道骑行，给军工路交通管理带来很多麻烦。

3. 除了自行车来往此区间，还有大量外卖快递电动车来往于此区间，基于学校的缘故，特别是在中午时段与晚上饭点，有大量外卖快递电动车集中在此，有的在机动车道上，有的则在非机动车道上，造成了交通的混乱。

三、混凝土搅拌站的搬移需要攻坚克难

虽然目前建造环保型搅拌站已达成行内共识，但各地对环保型搅拌站的建设和改造标准尚未统一。从目前发展现状来看，还处于起步阶段，存在着政策标准与技术管理不规范等系列问题，影响了环保搅拌站的进一步推广。

1. 缺乏统一的搅拌站环保标准

据了解，上海地区的绿色环保站规定目前直接采用上海建工的企业标准。具体规定要求各地也不尽相同。目前尚无统一的环保型搅拌站技术标准，新建的拌站环保标准可能导致因环保不达标、重复投资再改造的问题发生，已建成的环保站仅追求外观上的全封闭，没有采取措施加强内部除尘、降噪及物料的循环利用效果；混凝土企业之间的资本规模差异以及经营者认识上的差异较大，需要重视创建工作中的差异性问题。

2. 缺乏除尘降噪技术的规范管理

扬尘排放是搅拌站设备环保性能的重要指标，因此设备除尘效果的好坏直接影响到搅拌站设备的环保性能，根据行业内普遍情况来看，除尘技术的设备采用与处理的效果都参差不齐。降噪技术也存在类似问题，现有的国内搅拌站噪声控制标准，多只针对设备，没有针对司机等操作人员的噪声保护。另外一方面，也需要通过系列研究，设计出针对搅拌站除尘降噪的推荐技术，才能更规范地推进环保型搅拌站的建设，与环保标准和技术标准配套的环保搅拌站日常管理规范的制定也应当加紧进行。

四、综合以上调研情况，提出环境管理建议如下

根据“两隧”军工路沿线周边环境中存在的主要问题，提出如下几点管理建议：

1. 认真研究道路的特殊区位特点，在军工路公交站附近和绿化树木之间优化设置自行车停放点。中环下设自行车专用车道方案，充分利用空间的同时，设置中环下自行车专用车道的规划示范点。

2. 尝试与建设全封装的环保型搅拌站，确保设备本身的优良性和环保性。严格把关搅拌站除尘技术和降噪技术的设备质量。加强环保搅拌站建成后的日常管理问题，包括不定期维护、保养，循序渐进地改善混凝土搅拌站的运行和管理状况。

3. 全面推行河长制，加大校区与街区的联动效应，加大河流水质净化管理治理工作，建设一个区域化的河流水生态系统。加大河流两侧生活污水的截污纳管工作力度，严禁运河停留船只的生活污水排放，依据河道具体情况建设稳定健康的河流水生态系统，合理种植水生植物净化水质，并做好后期的运行维护工作。

4. 改善军工路路况条件，严查运输车辆跑冒滴漏等污染情况，限制部分路段通行速度。适度增加路面清扫车辆的清扫频率等，对部分路况较差的路段可以暂时采用限制通行速度等手段来控制已有路面积尘的二次扬尘。严查违法鸣号，限制夜间重型车辆的车速，合理增设噪声屏障。

环绕上海理工大学周边的滨江地带处于杨浦东部战略区，为营造杨浦滨江生机勃勃的创业创新生态，在环境和管理方面必须进一步提高认识，严格对标治理，下大功夫，为彻底改善该地段的环境整治工作画上圆满的句号。

专家点评：

该提案就改进"两隧"军工路沿线环境状况献良策。整篇提案在背景情况、问题分析及对策建议上都符合提案撰写的基本要求。提案中翔实的现状反映来源于扎实的调查研究，也使人们感到解决问题的迫切性和必要性。在安全隐患中提及红绿灯时间超短、转弯掉头车辆多、两侧人行道较窄、大型车辆较多且闯红灯严重、行人和车辆争抢通过等问题，这些现象的存在都直接令人感到交通问题到了非整治不可的程度，非常形象。四方面建议涉及部分规划的调整、设备的管理、河长制推行、路况的改善，都比较具体，也有利于承办单位吸纳建议予以实施。是一篇质量较高的提案。

（点评者：原上海市政协提案委员会专职副主任朱钢）

承办单位点评：

民建杨浦区委积极贯彻习近平生态文明思想，立足实际，从军工路（"两隧"区间）周边环境质量、道路交通安全两方面深入调研，提出了该提案。相关部门高度重视，一是完成军工路（周家嘴路—翔殷路）新增非机动车道，提升慢行出行安全；二是充分发挥扬尘在线监测系统，强化扬尘污染防治；三是市区联动，加强入河排污（水）管理，开展沿江沿河码头全覆盖检查；四是优化人行过街信号，加强交通执法，推进污染源头防治。该提案准确地把握发展趋势，极具前瞻性与现实意义，与中央、市委环保督察要求及长江经济带发展需求相呼应，共同推动军工路沿线加快转型发展，指导各部门为杨浦区"四高城区"建设添砖加瓦。

（点评者：杨浦区建设和管理委员会）

关于构建协同创新共同体
促进杨浦科创双创再升级的建议

提案编号：B052

提 案 者：民盟杨浦区委

提交时间：2018 年 1 月区政协十四届二次会议期间

为适应全球科技竞争和经济发展新趋势，杨浦立足国家战略，推进科创双创建设，在完善产业政策体系、拓展众创空间、推进重点项目等方面取得了明显成效。数据显示，2013—2016 年杨浦区双创综合指数三年增幅超五成。但对标北京、深圳等标杆区域，还存在一定的差距。例如：

一、创新创业孵化能级待提升

2016 年，杨浦区国家级高新技术企业 336 家，南山区 2 223 家，海淀区 6 151家。科技部公布的瞪羚企业榜，杨浦区 17 家，南山区 110 家，海淀区 349 家。独角兽企业榜，杨浦区 1 家，估值 12 亿美元；南山区 11 家，估值 364 亿美元；海淀区 35 家，估值 1 500 亿美元。对标南山区、海淀区，国家级高新技术企业、瞪羚企业、独角兽企业的数量、质量差距较大，创新创业孵化能级待提升。

二、高端双创人才相对缺乏

2016 年，南山区引进或培育 168 位中央“千人计划”人才，深圳千人“孔雀计划”1 453 人。海淀区 927 位中央“千人计划”人才，北京千人“海聚工程”267 人。杨浦区 160 位中央“千人计划”人才中，只有 17 位在杨浦创业；100 位上海“千人计划”人才中，只有 6 位在杨浦创业。杨浦高端双创人才略显不足，创业本地化率偏低。

三、科技金融支撑不足

海淀区出资23.7亿元，带动社会资本144亿元，吸引了天使投资机构2 500多个、科技金融机构2 300余家，初步形成覆盖基础研究、应用技术研究、成果转化产业化、产业并购在内的全链条、全生命周期、产融结合的“海淀创新基金体系”。杨浦区出资15亿元，主要采用“基地＋基金”的模式，用于扶持370个项目，对科技金融的支持方式单一。科技金融机构150余家，对前孵化体系、产业基金等支撑不足，覆盖不够，尚未形成完整创新基金体系。

随着双创活动周的成功举办，我区双创氛围更加浓厚。为将声势转化为优势，在上海最类似硅谷“创新生态”的杨浦区，建议构建“一廊、一圈、一谷”的协同创新共同体，先行先试，力求小空间大集聚、小平台大产业、小载体大创新。对此，我们提出五点建议供参考：

一、规划区校协同创新共同体

建议结合西部核心区“十三五”规划与“一廊、一圈、一谷”战略发展规划，规划区校协同创新共同体区域，明确范围和边界，加强监测和统计，开放资源共享机制，打造双创共生新模式、新业态和新的经济增长点。

二、创建双创生态社区

梳理和盘活区域周边闲置空间，拓展成片发展载体，作为知识溢出加速承接地。支持区域内工业用地、科教用地等在不改变性质、主体结构情况下，改造为研发载体空间、多业态混合用地、商务及生活配套设施等，以柔性的双创生活环境和空间，形成科技创新资源、科研院所人才与产业化空间载体共享的双创生态社区。

三、筹建世界一流创新中心

继续推进复旦全球科创中心的建设。另由区委、区政府发起，商请市发改委、市科委，吸引学术单位、投资机构、领军企业等，共同筹建民办非企业公益法人机构——国际产业技术创新研究院，实行理事会领导下的院长负责制，以体制外、市场化的运作模式，整合一批世界一流大学、聚焦一批世界一流高端人才、创造一批世界一流科技成果、培育一批世界一流高科技企业，在协同创新共同体区域内建成世界一流创新中心。

四、打造先行先试标杆区域

在区域内先行先试新模式、新政策，为双创提供有力政策支撑。1. 参考各地区瞪羚、独角兽扶持政策，出台相应的杨浦政策。2. 设立高端人才发展专项资金，探索“企业提需求＋高校出编制＋政府给支持”的引才模式。3. 试点递延纳税的简易程序，提供税务“一条龙”服务，吸引国内外科技成果转化落地杨浦。4. 将部分保障性和租赁性住房，改建成国际人才公寓，为落地的国内外高端人才，提供充足的配套居住空间。

五、完善投融资服务体系

设立“杨浦区创新创业引导资金”，通过资金杠杆效应及部分收益让渡等机制，优化科技创新的财政资金统筹投入机制，形成以政府财政资金牵引、社会资本跟进的“小马拉大车式”科技投融资体制。依托高校在金融领域的校友资源，大力发展金融服务业和科技金融产业，形成从早期的天使基金、PE与VC产业基金，到后期的并购投资基金的全链条投融资体系，覆盖科创全生命周期。

构建“一廊、一圈、一谷”的协同创新共同体，打造新模态，培育新增量，助推高新技术企业成长为“瞪羚”，助力瞪羚企业跑成“独角兽”。以创新创业者的需求为中心，围绕“创业前－创业苗圃－孵化器－产业园区”的生态孵化全产业链条，形成一个全方位的双创服务“生态闭环”，助力经济发展新引擎的打造，促进杨浦科创双创的再升级。

专家点评：

该提案围绕本区协同创新目标提升科创双创能力建诤言。亮点之一，按照区委、区政府的工作重心，突出重点，找出差距，提振信心，出谋划策；亮点之二，利用数据对标先进城市，找出自身的不足及差距所在，进而就构建“一廊、一圈、一谷”的协同创新共同体献良策；亮点之三，提案中有关提升科创双创能级的五方面建议，既有宏观层面又有微观操作层面，具有一定的可操作性，是一篇质量较高的提案。提案无结束语，最后部分如删去则更佳，不显累赘之感。

（点评者：原上海市政协提案委员会专职副主任朱钢）

提案者自评：

在杨浦加快建设科创双创的背景下，对标国内北京、深圳等标杆区域，如何推动杨浦双创再升级？民盟区委将此作为当年度的重点课题，开展了扎实的调研，多次组织骨干盟员深入园区对企业进行调研走访，邀请复旦大学专家深入座谈。通过集中走访、调查问卷等方式，汇总分析大量翔实的数据，提炼杨浦区在双创方面存在的不足，并有针对性地提出构建“一廊、一圈、一谷”的协同创新体等五方面意见建议，从而形成一个全方位的双创服务“生态闭环”，助力经济发展新引擎的打造。

关于完善公立医院财政补偿机制 保障公立医院在改革中可持续发展的建议

提案编号：B102

提 案 者：钟立敏　董萍　贺雪文　黄胜春　李自强　陆坚　孙宏伟　杨志刚　赵承竹　赵婕　薛冰

提交时间：2018 年 1 月区政协十四届二次会议期间

当前公立医院改革进入实质性阶段，以绩效考核目标引导公立医院向公益性、内涵式、可持续方向发展。改革在破除“以药养医”机制、控制医疗费用不合理增长、减轻百姓医疗负担、医疗服务提质增效等方面取得了预期成效。但是，医院运营由于同时受到药品零差价、业务增长率限制、药品耗材使用占比下降等多项强制性政策因素影响，面临明显政策性亏损。比如 2017 年我区两家区域医疗中心——区中心医院、市东医院运营均出现不同程度亏损。随着改革推进，政策性亏损可能成为新常态，需要补偿机制随之调整和完善，否则将影响医院可持续发展。政策性亏损主要原因分析：

1. 药品零差价后，医院主要收入来源由原来的“医疗服务项目收入＋药品差价收入＋政府财政投入”三个渠道变为“医疗服务项目收入＋政府财政投入”两个渠道，收入减少 15%以上。尽管已经通过调整部分医疗服务项目价格补偿药品差价损失，但是由于区属医院药品使用占比较高、服务价格调整影响存在差异，受药品零差价的影响更大一些，调价补偿后仍存在不同程度缺口。

2. 限制医院业务增长，业务增长率不能超过 10%，医院不能依靠创收弥补收入减少。然而医院既要面临医疗服务需求服务量不断增长的负担，也要面临人员工资调增和缴纳职业年金等致使人力资源成本不断上升的负担，收入与成本差距致使医院运营亏损加重。

3. 医用耗材加成率渐进降低，目前耗材利润率已降至5%，未来将与药品一样实施零差价，并且药品、耗材使用占比受到严格限制，因此医院来自耗材的收入将进一步减少。近年来我区不断加大公立医院的财政投入，对公立医院发展发挥了重要支撑作用，但是投入总体偏低，财政经常性投入一般不足总收入的5%，专项投入比如基本建设项目、大型医疗设备购置、人才学科建设一般不超过10%。目前，针对公立医院改革进程中出现的政策性亏损尚无相应的财政补偿，还未建立公立医院改革政策下新的财政补偿机制。完善补偿机制，对于减轻公立医院负担，使医院在改革中获得可持续发展至关重要。

相关建议：

1. 建立公立医院政策性亏损财政合理补偿机制，履行政府办医职责。深入开展公立医院政策性亏损调研，认真测算药品零差价、耗材加成率降低、医疗成本上升的合理收入损失以及医疗服务价格调整和医院加强成本控制所消化的损失比例，以实际减少的合理收入为依据制定财政补偿原则，核定补偿资金或补偿比例，弥补政策性亏损。

2. 严格落实公立医院综合绩效考核，提高财政补偿资金使用绩效，建立公立医院绩效考核指标体系，全面考核公立医院包括公众满意度、公益性履行，医疗服务质量、安全、效率，人力和资产使用效率，预算管理和财务风险管控，人才队伍建设和学科发展。区分各级各类医院合理设定指标参照值。考核结果与财政补助挂钩。财政部门实施公立医院补偿经费预算执行管理。

3. 加强公立医院内部运营管理，加强全面成本控制建立医院成本控制评价机制，引导医院强化内部运营管理和成本控制管理，提升现代医院精细化、科学化管理水平，建立成本核算体系，注重成本效益，减少浪费，合理利用医院人力、财力、物力资源。

领导点评：

该提案是一份由11位长期工作在医疗一线的政协委员提出的联名提案，充分反映了界别群众的意见和呼声，体现了界别的集体智慧。2018年初，本区公立医院改革正在进行卫生行业绩效改革，虽然取得了预期成效，但也面临一些问题。11位委员在关注到这些问题后，充分发挥界别代表作用，深入开展调研，梳理出了界别群众普遍关心、反映强烈、急需解决的突出问题，即医院运营由于同时受到药品零差价、业务增长率限制、药品耗材使用占比下降等多项强制性政策因素影响，面临明显政策性亏损的问题，同时，从三个方面深入分析了产生问题的原因，并提出了切实可行的建议。提案提出后，得到了区卫计委、区人社局等相关承办单位的高度重视，提、办双方开展了面对面的提案办理协商，进行了充分的沟通和交流，促进了提案建议的有效落实和我区公立医院的持续健康发展。

（点评者：杨浦区政协副主席周海）

专家点评：

该提案就公立医院改革进程中遇到的瓶颈问题建诤言，是一篇质量较高的好提案。体现在：1. 提案撰写规范，文字精练；2. 情况明，坚持问题导向，熟悉公立医院改革进程，并较好地运用数据说话，反映出公立医院举步维艰的境况；3. 建议实，通过合理补偿机制、综合绩效考核及内部运营管理三点建议，提出保障公立医院可持续发展的路径，都具有可操作性的抓手。整篇提案在文字上无累赘感，言简意赅。

（点评者：原上海市政协提案委员会专职副主任朱钢）

关于杨浦滨江开发
深度挖掘工业建筑历史
讲好百年工业故事的建议

提案编号：B156

提 案 者：蒋毅

提交时间：2018 年 1 月区政协十四届二次会议期间

毫无疑问上海市政府的滨江公共空间开发与利用，一定是全市人民喜闻乐见的一件大好事。那么，杨浦滨江与徐汇滨江的文化艺术事业、黄浦滨江的“百年外滩”、虹口滨江的“历史与现代”兼顾的差异在哪里？怎样开发和利用好这样的差异是需要在开发过程中深入挖掘的。目前，杨浦滨江南段的特点是工业遗产非常丰富，有不可替代的唯一性和代表性。但感觉在开发和建设过程中还未能很充分地挖掘出保护建筑的历史，说好“故事”，以及将这些“可阅读”的历史建筑充分发挥在现代社会中的商业价值。

一、存在的问题

（一）功能略显单一

在杨浦滨江看到的更多是现在或过去居住在附近的老居民，来杨浦滨江健身或回顾历史，而观光游客数量不多。但在虹口滨江则可以看到有大量的旅游大巴，带领游客来到汇山路码头附近，远眺陆家嘴金融贸易区。

（二）旅游和观光功能开发不足

相比虹口滨江得天独厚的地理位置优势，杨浦滨江确实在旅游观光上处于一定的劣势，既看不到像陆家嘴金融区那样璀璨的灯光，也看不见现代洋气的游艇码头。但是这一现象也和我们没有深度挖掘工业遗产的历史，用现代的方式去说好“故事”有关。

二、建议

第一，挖掘保留历史工业建筑的故事，新建小型历史博物馆，设置多语种解说。这些历史博物馆的规模不用太大，通过多媒体手段呈现给观众一种身临其境的感觉，不仅可以进行科普和教育吸引国内游客，还可以吸引一些与这些历史建筑有一定关系的国外游客，像犹太难民纪念馆一样成为国外某些有特定历史背景游客必到的景点。譬如：上海船厂可以通过多媒体手段让观众了解到当时在多么困难的条件下，建成了多大的船，劳动的景象是怎样的；自来水科技馆呈现出现代制水与过去制水工艺的区别、过去水厂工作的景象。同时也注意相关文博产品的开发，船厂曾经建造和完成的有历史价值的经典是否可以做成纪念模型？自来水科技馆能否像上海中心一样出售建筑造型的瓶装饮用水？可以先把游客吸引过来，来这里听听“百年工业”的故事，然后吃完饭再去欣赏“魔都”的夜景。

第二，合理利用和引导保留建筑的利用。杨浦留存有大量工业遗留建筑的厂房、库房，可以有针对性地加以利用。譬如：旧纺织株式会社的土地上建设符合社会要求的城市“奥特莱斯”，利用杨浦目前的公共交通优势，不仅可以吸引更多城市居民到这里来淘商品，而且还可以吸引来上海旅游的外地游客购买价廉物美的名牌服饰、礼品。既比青浦和浦东近，又比南京西路和淮海路便宜。本地居民也不用将消费的欲望放到国外的“奥特莱斯”或担心“海淘”商品的尺码是否合适了。又如：上海船厂的两个船坞可以改造成为水上表演的舞台，通过露天剧场的形式为文化建设服务，或者建设成航海模型的竞技场所，同时满足科普需要。对高大空间厂房和仓库的有利条件可以引入“电竞”产业，通过固定与临时座位相结合的方式，作为一些中小型“电竞”竞赛的场所。

第三，在老建筑充分利用的前提下，控制新开发面积的增加。充分利用老历史建筑改造和利用空间，避免过量开发和新建建筑既造成已有资源的浪费，同时又拉低已有建筑的竞争力，还可能对工业遗存说“故事”的环境带来不利。

政协领导点评：

杨浦滨江开发是“十三五”期间区委、区府工作的重中之重，也是政协委员关心的热点。蒋毅委员的这份提案是在充分调查研究的基础上，围绕讲好历史故事、历史建筑保留的“可阅读”这两个关键处着手，提出了自己的真知灼见。这份提案被上海市黄浦江杨浦段滨江综合开发指挥部办公室所采纳，我感到有三点启示。一是经过深入的调查和比较研究，从直观的旅游大巴到游客的来源得出杨浦滨江功能现状略显单一的问题，又从与虹口、陆家嘴等处的比较，得出滨江杨浦段旅游观光功能开发不足的问题。二是建议建在需要时。2018 年区委将“滨江要贯通”列入了年度工作重点。贯通是一个方面，贯通后的功能发挥是另一个需要同步考虑的问题。本提案紧扣落实区委、区政府这一重大决策部署提出建议可谓正当其时。三是意见议到了关键处。通过对滨江不同段的比较分析，提案关注点放在百年工业遗存的“故事”上，包括历史建筑的“可阅读”和历史建筑在现代社会的商业价值。可谓恰到好处，既言之有理，又具备现时可操作性。

（点评者：杨浦区政协主席邰荀）

专家点评：

蒋毅委员的这件提案着眼于杨浦滨江工业遗产非常丰富这一得天独厚的资源优势，建议通过新建主题博物馆，再现劳作场景，开发衍生产品，充分挖掘保护建筑历史，合理利用工业建筑资源，讲好滨江故事、赓续百年血脉，让这些“可阅读”的历史建筑充分发挥在现代社会的经济和文化价值。这个建议以小见大，与滨江开发“还江于民”的初衷和滨江规划“历史感、智慧型、生态性、生活化”的理念高度契合。提案选题“宜小不宜大”“宜实不宜虚”，找准一个问题的切入点，大处着眼、小处着手、以小见大，以解决实际问题为目的，开门见山、直奔主题，切忌题大口号新、务虚不切实。

（点评者：原杨浦区政协提案委员会主任周卫良）

关于在杨浦工业遗存之旅中保留工业文化特色的建议

提案编号：C010

提 案 者：民建杨浦区委

提交时间：2019 年 1 月区政协十四届三次会议期间

杨浦曾经是上海的一个工业大区，浓缩了近代中国的工业。随着城市的发展，原有的老旧企业纷纷迁出或者关闭，留下了许多令人回忆的工业遗迹。

因而，如何开发、开放、利用好这一特色旅游资源，是我们杨浦区的一个重要经济抓手。我们认为，“工业遗存之旅”应合理规划，体现原始“工业文化特色”。

目前的“工业遗存之旅”主要存在三个问题：

1. “工业遗迹”文化无存

比如，上海国际时尚中心，前身是国棉十七厂，再度向前追溯是日本人的裕丰纱厂，现在改造为国际时尚中心后，除保留原有厂房的外观外，其历史文化已随着老一代杨浦人的离去而逐步消失，让人无法回忆起这个工厂曾经的历史和背后的故事，也就没有“文化”一说。

2. “工业遗存”不能“旅”

现存的一些工业，因为一些特殊原因，目前对市民并不开放，因而只闻其名，却不能亲眼有所见。比如：杨树浦水厂，因其历史和唯美的建筑、环境而远近闻名，但因为考虑到安全原因，市民们只能在外看看，无法领略到它的内在。尽管现在提供了现场三维实景地图，但总有那么一些缺憾。

3. 线路规划不合理

目前，杨浦工业遗存之旅有两条线路：一条是沿滨江线路，一条是内陆线路。两条线路都是线路长、景点多，辛苦疲劳自然不用说，一般的参观也只是蜻蜓点水，无法深入挖掘，缺乏专业的旅游服务支持。

因此，我们认为，对杨浦的工业遗存之旅，还应有更进一步的规划，让工业遗存之旅真正成为杨浦旅游的特色。

1. 适当保留原有厂区的历史风貌，尤其是硬件背后的软性文化

就目前而言，工业遗址的开发，集中在休闲娱乐餐饮等。除了看到原有厂房的外貌，其余的历史风貌基本看不到。建议原址的开发利用，能适当保留一个角落，陈列一些原有工厂的机器、生产线、照片、回忆录等实物、影像资料，让人体会到杨浦工业的起源、发展、贡献。通过时光穿越、新旧对比，保留回忆才能有历史感，才能有工业遗存之旅的“工业文化”特色。

2. 提升旅游感知能力

以杨树浦水厂为例，因为考虑到安全原因，因此对外一直是不开放观光，让大家倍感遗憾。建议考虑沿厂区建设一段封闭的空中玻璃连廊，让市民能近距离从一定的高度领略水厂风采，既保证安全，同时不影响正常的生产工作。

再比如上海手表厂，上海牌手表曾经是中国的骄傲。如今虽然有些默默无闻，但是经过多年的升级，上海牌手表，特别是陀飞轮手表在国际上已经略有名气。如果能让广大游客体验手表的制作，亲手组装一只属于自己的简单的手表，无疑将极大增加这个旅游项目的参与性和客户黏性。

3. 进一步优化现有的工业遗存旅游路线，提升旅游服务专业度

目前主要有两条工业遗存旅游线路，但是两条线路都是线路长、耗时费力，因此建议增加浓缩景观，采用重要景点、一般景点的等级开发策略；寻找景点间的相互关系，选取有代表性的景点，设计统一的工业遗存旅游标识、宣传手册、道路标志，配备交通，提升服务的专业性。

其次在网络化时代，应用互联网的宣传推广手段。建立一个统一的门户网站，既包括旅游线路、目的地信息，也包含一些有关工业发展的资料，提供下载，可以让公众了解到相关的信息，方便游客参观。

通过对杨浦工业遗存地的整体性改造和开发，使其获得新生，有力地推动杨浦区更新，并通过旅游带动经济的整体发展。

附：杨浦工业遗存参观线路 1、2。

杨浦区工业遗存参观线路 -2
21、英美烟草公司仓库旧址
22、华胜印刷厂旧址
23、英商正广和股份有限公司仓库大楼
24、英商电车修理工场旧址
25、谋得利钢琴厂旧址
26、日商东华纺厂旧址
27、中国版纸制品公司旧址
28、东区污水处理厂
29、上海铁路分局杨浦站
30、周家嘴路4395号冷库
31、上海电缆厂厂房
32、中国农业机械公司总厂旧址
33、上海华丰纺织印染一厂旧址
34、虬江码头
35、中国农业机械公司吴淞机器厂旧址
36、闸北水厂老办公楼、水塔、出水泵房
37、日军中支那野战自动车厂旧址

专家点评：

百年工业是杨浦的一张名片，这些年，杨浦围绕工业遗存的“再利用”做了大量的工作。民建区委的这件提案围绕杨浦工业遗存之旅保留工业文化特色，由“从无到有”向“从有到优”转变提出了很好的建议。提案中“缺文化、不能游、不成线”三个问题点提得很中肯，重视保护开发工业遗存软文化、提升公众旅游的感知力、提升旅游服务专业度三点建议提得很实在。“从无到有”不易，“从有到优”更难，政协既要为“从无到有”鼓与呼，更要为“从有到优”思与虑。当众人相拥，共享“从无到有”的喜悦时，政协人则应多一丝冷静，潜心于如何实现“从有到优”升华的冷思考之中。这就是政协位置超脱的特质使然。

（点评者：原杨浦区政协提案委员会主任周卫良）

承办单位点评：

该政协提案于2019年提出，针对杨浦工业特色以及当时的工业之旅指出了缺少工业文化内涵、线路规划不合理等存在的问题，并提出了工业之旅要保留历史风貌、文化记忆，提升旅游感知能力，优化线路等具有前瞻性和可操作性的建议。近年来，我局持续加大文旅融合力度，以滨江南段贯通为契机，加大工业遗产的保护和利用开放，重点挖掘工业遗产内涵价值以及建筑背后工厂、工匠、工艺等城市记忆，推出以百年工业遗产为主题的微旅行线路，针对还在运作或者无法进入的工业老厂房，制作二维码，推广扫码阅读、音频聆听、影像境述、VR全景、无线感应和志愿讲述等多元方式，发展以“云漫游”为特色的线上线下阅读体验游，打造“百BU穿YANG”文旅品牌。

（点评者：杨浦区文化和旅游局）

关于杨浦智慧城市建设的若干建议

提案编号： C015
提 案 者： 民建杨浦区委
提交时间： 2019 年 1 月区政协十四届三次会议期间

为贯彻落实《上海市推进智慧城市建设“十三五”规划》以及《〈中共上海市委、上海市人民政府关于加强本市城市管理精细化工作的实施意见〉三年行动计划》，杨浦正全力打造创新要素集聚、综合服务功能强、适宜创新创业的科技创新中心重要承载区，以及万众创新示范区，实现从国家创新型试点城区到示范城区的发展目标，处于创新驱动、转型发展的关键时期。作为引领未来城区发展的核心区域，杨浦面临新的形势、任务和要求。

面对智慧城市建设遇到的新挑战和新要求，杨浦区智慧城市遵循新型智慧城市的概念，以为民服务全程全时、城市治理高效有序、数据开放共融共享、经济发展绿色开源、网络空间安全清朗为核心目标，以新型智慧城市建设“六个一”核心要素为指导方针，通过体系规划、信息主导、改革创新，推进新一代信息技术与城市现代化深度融合、迭代演进，实现杨浦区智慧城市的“创新、协调、绿色、开放、共享”的发展。

杨浦智慧城市建设总体目标是，利用物联创造，基本形成“一套神经元”；运用大数据分析和人工智能计算技术，打造“一个区级大脑”；经过数据采集、数据汇聚、存算资源统筹、城市运行规则、城市服务的重构，形成“多个大脑皮层”的构架。最终建立“一数一源、一源多向、一数多用”的基本支撑平台和环境，实现智慧化应用无死角覆盖，打造全国乃至世界级的智慧化应用高地。

一、杨浦在建设智慧城市过程中面临的三大问题

1. 杨浦智慧城市工作体制需要改革突破

1+6文件实施后，街道以信息化为牵引，在党工委的领导下，发挥党组作用，将综治工作放在网格中心进行统筹协调，发挥了整体合力。此时需要在条块关系上实现再创新：一是加强行政党组规范化建设；二是改革网格中心和综治中心的体制和机制；三是建设社区大脑，不断实现社会治理的再创新。

2. 杨浦智慧城市完善机制需要顶层设计

目前各街道网格中心均实行5天工作制，群众“12345”投诉问题客观上又要求网格中心全时空管控。因此，提升群众安全感、获得感、幸福感，对接群众需求，必须实现网格中心24小时值班备勤，全时段全区域全覆盖。此时需要以推广智慧城市建设为抓手，配强网格中心力量，更有效地发挥好街道对辖区的综合治理和安全监管责任。

3. 杨浦智慧城市流程再造需要统筹规划

杨浦智慧城市建设，形成上下联动、条块融合新机制。打造平台型政府，提高政府机构工作效率、工作水平和履职能力，需要在互联网基础上探索建设网络政府、平台政府和“政府—公众朋友圈”，以此实现政府流程再造，提升政府服务和治理水平。

二、对杨浦建设智慧城市的建议

1. 加强政策保障，推动项目实施

区政府应在建设智慧城市的实践中，逐步出台一系列信息化规范性文件，以加强信息化在统一规划、管理、监督与指导等方面的职能，以前瞻性、战略性、专业性的要求，推进智慧城市的建设，保证智慧城市项目的建设质量，发挥最大的效益。

2. 明确标准保障，完善信息共享

标准体系保障是实现智慧城市信息共享的关键。各级政府，以及建设行政主管部门在智慧园区建设中应贯彻执行国家(地方)标准规范。在国家数据标准体系尚未完善的情况下，建立完善地方标准体系和行业企业标准来满足智慧园区发展的需要。

3. 强化组织保障，多方各司其职

成立杨浦区智慧城市建设领导小组：从战略全局的高度出发，统筹规划，科学决策，协调管理，稳步推进。加强各部门之间的统一协作，根据项目重点任务，整体协调，分步组织实施。建立项目实施的考核监督体系，实时对建设

的进度进行跟踪监督和协调服务。

4. 投入资金保障,多元融资平台

杨浦区智慧城市建设工作需要大量的资金投入,才能保证其健康快速发展。在当前和将来的一段时期,政府投入是主要的,但是单靠政府财政资金是远远不够的,需要多元化的投融资(如PPP),以解决建设资金缺乏的问题。

5. 重视技术保障,构建数据中心

重视数据、分析数据、利用数据是杨浦区智慧城市建设的一项十分重要的工作。杨浦区智慧城市的支撑技术体系包括数据获取技术、数据传输技术、数据存储技术、数据处理技术、数据应用技术等。这些数据基本上涵盖城市规划、建设、管理、服务及社会经济发展的各个层面和各个环节。

6. 强调智力保障,落实人才政策

重视信息化人才的引进和培养工作,完善人才管理机制,落实各项人才政策,创建良好的人才发展环境。积极开展多渠道、多层次、多形式的计算机技能培训,强化各级人员的信息化意识和责任,为加快推进杨浦区智慧城市建设提供有力的人才保障。

杨浦区智慧城市建设将集“物联、数联、智联”三位一体的驱动模式,融合公共安全、公共管理和公共服务的需求,注重问题导向、需求导向、效果导向,坚持政府扶持指导、市场化运作,通过泛在感知、互联互通、资源共享,形成高效管理、智能决策、运转有序、和谐统一的智慧城市整体架构。

专家点评:

提案者围绕市委、市政府提出的智慧城市建设的目标,结合本区实情出谋划策。选题准确,紧紧把握中心。提案中就智慧城市建设中存在的工作体制创新、机制设计完善及流程再造统筹三方面不足和改进之处,从区级层面提出六方面建议,有较高的参考价值。如能把三方面问题中含有分析的文字组成提案分析内容或重新组织分析部分,则更能体现提案者睿智,并为建议做好铺垫。其二,可通过反映街道基层的某些现象,引起区级层面重视和反思,并由此提出街道层面按照区委、区政府总体要求如何执行、如何改进、如何完善;也可以分区和街道两个层面分别建议,更利于操作性。

(点评者:原上海市政协提案委员会专职副主任朱钢)

提案者自评:

2019年,在区政协十四届三次会议上,民建杨浦区委提交了《关于杨浦智慧城市建设的若干建议》提案,主要有三点体会:一是发挥联系经济界特色、立足区域发展选题。我区委始终紧紧围绕彼时杨浦“三区一基地”建设这一中心开展参政议政工作,发挥民建联系经济界的特色,强化经济界的代表性,形成“从经济界中来,以经济建设为中心,为经济工作服务”的术业有专攻的格局。关注到《上海市推进智慧城市建设“十三五”规划》与我区创新驱动、转型发展面临的新形势、任务和要求相匹配,选定智慧城市建设这一主题,为实现从国家创新型试点城区到示范城区发展目标集智聚力。二是精准分列构思提纲,围绕关键重点开展调研。从“十三五”规划及实施意见着手,对照本区实际情况,对应新型智慧城市建设“六个一”核心要素为纲,围绕工作体制、顶层设计、流程规划,赴相关部门和现场进行调研。三是悉心组织撰写小组,反复推敲终成定稿。组织会员中的相关部门工作人员、专家学者构建报告撰写小组,成稿后与部分相关部门交换了意见,并数次修改完善,形成了组织提案。

关于建立户外设施长效监管机制的建议

提案编号：C048

提 案 者：民革杨浦区委

提交时间：2019 年 1 月区政协十四届三次会议期间

2018 年，上海已发生多起空中坠物事件，造成了不同程度的危害，如同悬在上空的痛。南京东路商店招牌脱落致人伤亡事件，更是犹如当头一棒给予警示。各类户外广告、灯箱、招牌、高楼装饰物等林林总总，不计其数，虽然宣传教育、巡查监管、执法规范不曾停歇过，但“天降悲剧”仍频频发生，让我们体会到了切肤之痛。

为何空中坠物事件频发，主要有以下几方面问题：

一、户外设施设置方的责任意识淡薄

防台防汛期间，有关管理部门下发或张贴相关提示，提醒沿街单位及商铺开展户外设施或外墙装饰物自查，提示小区业主关闭门窗，并将摆放在外的物品移至室内。但是张贴告示的宣传手段简单、粗放，很难入耳、入脑、入心，宣传教育如同隔靴搔痒，设置方大多无动于衷。

二、规范性文件实际落实存在困难

《上海市市容环境卫生管理条例》规定，户外设施的设置者，应当加强日常管理，对存在安全隐患或者失去使用价值的设施，应当及时整修或者拆除；在潮汛、台风或者暴雨期间，应当加强对户外设施的安全检查。对存在安全隐患或者失去使用价值的户外设施，城管执法部门应当责令设置者限期整修或者拆除，逾期未拆除的，城管执法部门应当强制拆除。但是，认定安全隐患的标准体系缺失，又如何判断他们是否尽责？《上海市户外广告设施管理办法》规定，户外广告设施设置期满 2 年的，设置人应当在每年 6 月 1 日前，按照户外广告设施安全技术标准的规定进行安全检测，并向市或者区绿化市容行政管理部门提交安全检测报告；对安全检测不合格的户外广告设施，设置人应当立即整修或者拆除。设计单位应当明确户外广告设施的设计使用年限。户外广告设施超过设计使用年限的，设置人应当予以更新。设置年限到期，有关部门是否能够及时监管到位尚存疑问。上海市地方标准《户外招牌设置技术规范》提到，店招店牌由所属商家负责检查和维护保养，根据不同部件、结构，安排一周到一年不等的检查频次。但在实际执法检查过程时，甚至是政府部门对户外设施的集中大整治过程中，执法人员因缺乏专业的检测工具、仪器和知识，对户外广告设置的牢固度依旧不具有判断操作性，只能靠自身力量用徒手拉拽的方式进行测试，但是挨家挨户如此检测既没有客观根据，也不能达到实际效果。虽然相关规定要求设置人按照户外广告设施安全技术标准的规定进行安全检测，并向市或者区绿化市容行政管理部门提交安全检测报告，其中是否存在猫腻无从得知，若政府部门执法时全部依靠专业单位检测，无疑增加了经费成本的支出。地方性法规、规章等制定详密，但执法力量有限，识别安全隐患标准体系缺失，规定落实难以落地。

针对目前存在的问题，应当探索空中坠物的长效监管机制，借助“互联网＋”优势，实现智慧监管与精准执法。

一、建立户外设施数据库

绿化市容部门作为户外设施的审批主体，可以通过源头监管，将经过许可的户外广告或设施逐一建档，将设置者、设置时间、联系方式、检修期限、产权人、管理人或使用人的变动等信息录入电子平台，建成户外设施数据库，形成可查询可追溯的数字化档案。针对已经设置的户外设施，全面排查隐患，列出清单、建立台账，形成“一店一档”数据库。

二、严格落实户外设施监管工作

一是设置自动推送监管信息。根据相关规定要求，在设置期限到期前，将监管信息以短信形式自动推送至产权人、管理人和使用人的手机上，请其按照相关安全技术标准规定进行检测维护，并向绿化市容局提交相关检测报告。运用高效便捷的方式告知，不但可以及时监管，也能形成常态模式，执法部门再根据反馈信息精准执法，提高执法效率。二是严控户外设施许可期限。成都市严格控制广告许可期限，户外广告设置许可期限规定不得超过三年，超期的户外广告由于存在安全等隐患，必须坚决拆除。参考成都管理模式，凡期限到即必须坚决拆除，将许可期限作为监管的主要手段，用更新取代修整，增加耐用性。三是分类开展执法检查。在日常监管过程中，通过政府购买服务的形式设定几家第三方专业单位，不定期委托专业单位对户外广告进行安全检测，大招牌大检测、小招牌小检测。

三、更新店招店牌设置理念

沿街店铺为博眼球，把店招店牌越做越大，甚至往外搭出。又因为审批意识淡薄，未经审批就快速施工，瞬间处于监管真空状态，其风险难以预估。政府部门可以选择对沿街商家统一制作店招店牌的基础底座，商家仅能在此基础上粘贴简单的店名，以确保安全，并明确商家的后续安全检测及维护责任。也可以和商家约谈好，在确保安全的基础上，以设置技术标准为前提，由其自行设置图案炫丽、但结构不突出的店招店牌，达到“和而不同”的审美需求。例如，新加坡政府对户外招牌的大小、位置、图形、色彩等都有严格的规定，任何人不得违反规定，对公众造成视觉污染，新加坡人认为，嚣张的宣传也是一种必须制止的现代公害。此外，根据新加坡建设局网站上发布的规定来看，新加坡禁止设立户外广告的范围较广，也非常具体，除了乌节路、新桥路/Eu Tong Sen Street、Bras Basah.Bugis district 以及莱佛士坊、滨海中心和新加坡河的部分指定区域可以设置户外广告，其他中部地区都不允许设置户外广告。因此，建筑物立面的上部或屋顶区域不允许使用广告标志。街道上的街道设施和建筑物也不允许使用广告标志，例如高架人行天桥和龙门架。新加坡还严格控制霓虹灯广告的设置，为此专门出台相关的指引规章进行限制，因此新加坡建筑物上的广告以布幅广告为主。借鉴他国设置方式，对部分易造成安全隐患的区域严格禁止设置。对于可以设置的阵地，善用东方文字之美，加以图案的精心设计，以“极简”风格设置户外广告标识，而非另行设置一块结构突出的户外设施，也是避免安全隐患的一种措施。

户外设施对于整座城市而言，既有装饰性，也有叙事性，通过建筑之上、空间之中的人文、历史与商业痕迹，是可以讲述城市历史的。合理规范设置户外设施，建立户外设施长效监管机制，还需要制度措施的不断完善和更新。

专家点评：

该提案的特点之一是选题准，就户外设施标准化长效监管存在的问题献良策，这一主题涉及国际化大都市精细化管理以及城市公共安全，符合当前城市管理需求。特点之二是实事求是地指明存在问题，如宣传方式单一、执行力弱、规章难以落地等。建议部分提出运用信息技术网络、严格规范使用期限、分类专业进行检查等思路，翔实、具体、可行，也易操作。该提案质量较高，如能在以下两个方面加以完善则更佳：1. 可以把第二方面问题的后面内容归类到分析部分中，使提案分析更突出；2. 有些文字和段落可省略，如提案的最后结尾以及新加坡的某些做法。如必需的话，可把新加坡的做法单列作为附件则更妥。

（点评者：原上海市政协提案委员会专职副主任朱钢）

提案者自评：

户外设施是城市容貌的重要组成部分，也是城市管理的难题。不规范地设置户外广告、灯箱、招牌、高楼装饰物等威胁着群众的生命财产安全。如何避免“天降悲剧”的发生？民革区委将此作为当年的重点课题，组建课题组开展扎实调研，深入剖析问题，提出从建立户外设施数据库、严格落实户外设施监管工作、更新店招店牌设置理念等方面探索空中坠物的长效监管机制，借助“互联网＋”优势，实现智慧监管与精准执法，助力推进户外设施规范设置，为人民群众提供更安全、更整洁、更有序、更美丽的城市环境。

关于促进杨浦区机构养老服务再上新台阶的建议

提案编号：C053

提 案 者：民革杨浦区委

提交时间：2019 年 1 月区政协十四届三次会议期间

上海是我国老龄化和高龄化程度最严重的地区之一，杨浦区则是中心城区中老年人以及高龄老年人最多的区。截至 2017 年底，杨浦区户籍人口 107.69万人，其中 60 岁以上人口达 37.6 万人，占户籍人口的比重达 34.92%，80 岁及以上的高龄老人共 6.56 万人。根据人口统计预测，到 2020 年，杨浦区老年人口将达 43.17 万人，老龄化人口比重会超过 37%，这一老龄化程度已接近如日本等国际公认的严重老龄化国家的水平。在杨浦区委、区政府的有力领导和各部门、各街镇及社会各界力量的共同努力下，杨浦区养老服务水平不断提升，取得了显著的成效。

尽管如此，由于在应对老龄化方面面临的任务十分艰巨，特别是在机构养老方面，数量上还存在部分缺口，质量上则亟待进一步提升。

一、存在的问题

（一）养老床位数量存在缺口

上海市提出了“9073”计划，即 90%居家养老、7%社区养老和 3%机构养老，其中规定中心城区按照区域户籍老年人口的 2.5%建设机构养老床位。截至 2017 年 10 月底，杨浦区共有养老机构 56 家，床位 8 812 张。根据市委、市政府要求，2020 年杨浦区须建成养老床位 10 800 张，因此目前仍然存在近

2 000张床位的缺口。另外，根据国家发改委的要求，政府定价的“保基本”床位数应不低于区域户籍老年人口的2%。现在，杨浦区保基本的(公办)养老机构15家，床位3 251张，现有保基本床位数还远没有达到国家发改委的要求。最后，“9073”保基本的设置部分考虑了实施的可行性，但随着上海市人口老龄化和高龄化日趋严重，对养老机构床位的需求可能超出预期，需要提前留出一定余量。

(二)养老服务质量亟待提升

养老机构普遍存在几个问题：第一，医养结合机构数量不足。杨浦区仅有1/4的养老机构开设了内设医疗机构。第二，护理人员队伍建设滞后。护理人员工资收入低，人员流失率高，专业化服务能力不足，男女比例失调。大量护工临近退休年龄，面临人才断层威胁。第三，创新型管理人才缺乏。各个机构以满足最低和一般需求为目标，缺乏个性化、创新性的安排。第四，对老年人的心理关怀不够。服务侧重于老年人的身体照料，对老年人精神和社交的需求关注不够。

(三)行政放权导致服务真空

根据民政部等十三部委联合下发的民发〔2017〕25号《关于加快推进养老服务业放管服改革的通知》，取消了很多前置审批项目，这是个重大利好，但在上海，旧房改造为养老机构原本只需要民政部门立项颁发设置许可，进入市政府实事工程，再通过消防、环保和民政部门的验收就可以开业，在这个过程中涉及的相关问题都由民政部门牵头协调。然而现在取消了民政部门的前置许可，先照后证无须立项，整个建设环节涉及方方面面的部门，反倒无人牵头，操作更显困难。

二、优势

杨浦区在养老机构增量提质方面也有不少优势：

首先，杨浦区作为老工业区，有不少厂房可供改建，且在老工业基地转型中已经积累许多经验，有不少转型的成功案例。如果尽快将这些闲置厂房改建为养老和医疗护理机构，全区养老床位数将大幅增加，有望2020年顺利完成“十三五”规划要求。

其次，杨浦区作为高校集聚地，有不少人力智力资源可利用。在管理人员培训、志愿者活动、老年教育等方面，高校可提供多方面支持。近年来国家高度重视校外社会实践基地的建设，在教学评估中作为重点考核指标，许多高校也正在寻找合适的实践基地，这是很好的契机。

最后，杨浦的科创资源丰富。杨浦形成了开放、包容的创新创业生态系统，大数据、人工智能、物联网、区块链等产业聚集。推动技术在养老行业的创新利用，可以实现养老资源的有效对接和优化配置，实现养老服务智慧化升级。

另外，杨浦区在引进外地护理人员方面有可推广模式。尽管本地高校毕业生从事养老服务业的意愿较低，但杨浦区对于外地护理人才具有较强的吸引力，杨浦区已有与长沙民政职业技术学院定向委托培养工作的经验基础。

三、建议

针对杨浦区机构养老服务中存在的问题，以及杨浦区拥有的资源情况，提出几点建议，推动杨浦区机构养老服务再上新台阶。

第一，建议区规划部门加快闲置厂房改造和政府购买服务，扩大机构养老供应能力。在闲置厂房改造中，破除政策贯彻梗阻，制定具体配套细则，开设绿色通道，加快审批速度，多部门协调打通制度衔接上的障碍，为新办养老机构提供一门式综合服务。对养老机构加强指导，帮助新办机构尽快实现规范化运作，促进国家鼓励养老服务业发展的各项措施迅速落地。同时，在建设中要注意一体多用、医养结合，统筹各项民生福利设施。例如，在改建养老机构过程中，可以同时开建护理机构，既为养老机构中的老年人提供服务，也可以辐射周边居民。此外，在养老机构建设中，可以更多地使用 PPP（公私合营）的模式，达到“四两拨千斤”的效果。例如公建民营可以发挥民营机构在运营管理方面的效率优势。又如，采用 BOT 模式（建设—经营—转让），即让私营企业利用闲置厂房建设养老机构，并运营一段时间，最后再转为公有，这种模式发挥了私营企业在兴建开发方面的经验。从杨浦区目前厂房改造养老机构经验来看，这类 PPP 建设项目可以大幅度降低建设和管理成本。

第二，建议借力区域内高校资源，推动智慧养老，搭建高校和养老机构常态化合作机制。这方面可以考虑的措施有：利用高等院校的培训资源，对养老机构管理人员开展一定的专业化培训，提升管理能力。利用国家推动实践教学的机会，为高等院校相关专业与各家养老机构合作牵线搭桥，协助建设实习基地，实行结对子。让高校志愿者走进养老机构，为老年人提供更加有特色和个性化的服务。比如部分高校的大学生曾到社区活动中心培训老年人使用智能手机，受到了老年人的欢迎。在每年末，建议评选出年度最优养老服务实践基地，如果高校能够获得这样的称号，可以成为各种教学评估中的亮点。充分利用高等院校的课程教育资源。高等院校中有许多适宜老年人的通识类课程,可通过慕课等在线教育平台让老年人老有所学。

第三,结合科技加强养老机构人才队伍建设,补充服务人员缺口。对接区内创新创业企业,设计开发智能化设施设备,实现高效监护管理,应用机器人为老年人提供服务,节省看护人力成本,让护理人员有时间和精力去关注老年人的精神健康。更迫切的是,建议出台人才扶持政策,提高护理人员薪酬福利,推进护理人员职称评定、专业技术培训以及继续教育深造。另外,针对外地院校护理专业毕业生来沪工作意愿和需求,杨浦区应加大引进养老护理专业人才的力度,尽快研究制定相关人才引进政策,切实解决其落户、居住等各个方面的困难和障碍,坚持人才引进以城市需要为导向,更加注重人才与城市的融合,而非其教育背景。

专家点评:

养老机构建设是关系广大老年人幸福的大事,养老事业更是关系千家万户的民生大业。民革区委在深入调研的基础上,客观分析了我区机构养老在软硬件建设方面存在的问题和养老机构增量提质方面具备的优势,并提出了规划统筹、扩大机构养老供给能力,运用区域优势、推动智慧养老,制定综合扶持政策、加强养老机构人才队伍建设三个方面的建议。提案以调查研究为基础,数据客观翔实、分析全面具体、对策中肯务实,是一件质量较高的“民生”提案。关注民生反映民意,既是政协的责任,也是政协的优势。运用提案倾听群众呼声、体察群众疾苦、反映群众要求、维护群众利益,是人民政协“为国履职、为民尽责”情怀的生动诠释。

(点评者:原杨浦区政协提案委员会主任周卫良)

承办单位点评:

该提案聚焦养老这一重点民生问题,从当前杨浦区面临的严峻人口老龄化趋势入手,依托前期扎实的调研基础,提出了养老床位总量缺口、服务质量亟待提升及行政放权导致服务真空三方面具体问题。在提出问题后,民革杨浦区委还从当前区域养老机构服务发展现状及优势出发,对推动养老机构服务更高质量发展提供了三条重要参考建议。该提案提出之时,恰逢“十三五”规划收官的关键节点,提案中相关问题,精准找到了当前机构养老服务工作中面临的痛点堵点,为下一步我区进一步深化养老服务设施供给、提升养老机构护理人才队伍水平、优化养老机构行业管理等方面指明了努力方向，为杨浦区切实增强机构养老服务质量，全面建成“五位一体养老服务”体系提供了重要的助力，充分体现了民革杨浦区委对杨浦养老事业发展的高度重视与深切期盼。

（点评者：杨浦区民政局）

关于进一步促进我区中小科创企业健康成长的建议

提案编号：C054

提 案 者：杨浦区工商联

提交时间：2019 年 1 月区政协十四届三次会议期间

近年来，随着杨浦国家创新型城区建设的不断推进，我区在打造创新知识策源地、技术转移集聚区、新兴产业孵化区等方面不断加大力度，营造了促进科创企业健康成长的良好环境。在取得丰硕成果的同时，我们也看到，在官方公布的杨浦 7 800 家科技企业中，中小科创企业的占比仍然很高，因此，在当下杨浦建设科创中心重要承载区的工作中，中小科创企业群体依然是我们发挥高校和科研院所的智力优势，推动科技资源溢出、科技成果转化、产学研一体化的重要力量和活力所在，是杨浦推动双创再升级工作中不容小觑的产业集群。

然而，与一些转型成功的重点企业、大中型企业相比，中小科创企业被关注度较低，企业发展过程中面临着不少难点和痛点。比较共性的、急难的问题是以下两点。

一是运营成本过高。中小科创企业的主要经营成本是人力成本。在上海这样的国际大都市，一般知识密集型企业的人力成本支出约占总经营成本的70%以上，中小科创企业便是典型的知识密集型企业。早在 2013 年“营改增”时，这类企业的成本项目当中基本没有具备抵扣条件的抵扣项（按现有法规，人力成本不可以作为增值税纳税额抵扣项），导致中小科创企业无法享受到相关政策红利。

二是融资成本过高。中小科创企业往往需要持续的资金投入，来维持其技术研发和创新实践。然而，对于大多数区中小科创企业而言，融资难是客观现实。一方面区内的基金数量和规模还比较有限，另一方面大多数科技园区都没有投资职能，缺乏对本园区中小科创企业和优质项目的融资支持功能。此外，许多中小科创企业反映，近期社保征收规则的改变，将会使得企业的总成本上升幅度超过10%，企业很可能面临入不敷出的局面。

为了进一步优化我区中小科创企业的发展环境，进一步发挥这类企业在杨浦科技创新中心重要承载区建设中的“金字塔”塔基作用，我们提出以下三点建议。

一、进一步加强对中小科创企业政策指导的精准性，切实提高中小科创企业的感受度和受益面

1. 切实提高现有科创政策在中小科创企业集群的感受度和受益率。立足于将现有的国家、市、区各级各类科创扶持政策用好用足，切实提高科创政策宣传和政策落地的有效性和精准度，保证各级各类科创扶持政策得到有效落实，帮助企业有效推进技术创新和科技成果产业化，培育一批技术实力强、产业层次高、发展势头好、未来成长空间大的中小科创企业，真正让中小科创企业感受到政策对其健康发展的支持和推动作用。

2. 打造服务杨浦优势产业的中小科创企业集群，做强区科创产业的基石。围绕区优势产业，充分利用区内科研院所的技术创新力量，搭建各类平台，推动科研机构与中小科创企业的对接和互动，打造一批主业突出、拥有自主知识产权、具有国际竞争力的中小科创企业骨干集群。

二、进一步优化针对中小科创企业的人才政策

1. 拓展企业与人才的对接平台。进一步优化人才创新创业的良好生态环境，支持各类研发创新机构发展，吸引海内外高层次人才来杨浦工作，政府牵头组团推介招才，进入国内高校、科技创新人才集聚区域招募人才，帮助吸引优秀应届毕业生，促进优质人才与中小科创企业的对接。

2. 优化对中小科创企业中技术精英的政策扶持。在面上鼓励和支持高层次人才申报相关人才计划、人才发展资金、上海领军人才选拔培养工作的基础上，深入中小科创企业，实施精准化人才服务，对符合条件的优秀人才，创新人才引进、培养、评价以及激励机制，加大政策扶持力度，在子女入学、医疗等方面开辟绿色通道。

三、进一步加大对中小科创企业及其优质项目的融资支持力度

1. 为优质中小科创企业提供较低成本的融资支持。完善创业担保贷款政策和运行机制，扩大初创期社会保险费补贴的对象范围，打造覆盖优质中小科创企业的全生命周期的融资支持链。

2. 支持并引导天使投资和早中期创投企业健康发展，助力中小科创企业。探索设立专项奖励资金和风险补偿资金池，对投资本区创新企业的天使投资、创投企业，按实际投资额和投资损失给予一定的风险补偿；对于帮助中小科创企业做大做强的天使投资、创投企业，经专业评估后，给予一定的资金奖励。

3. 拓展政府引导基金功能，探索国有园区投融资服务新机制。探索鼓励政府引导基金采用参股创投基金和跟进投资等方式，支持中小科创企业股权融资；适时探索支持国有园区设立投资基金的运作机制，为优质中小科创企业和项目提供融资帮助。

专家点评：

作为党和政府联系非公经济人士的桥梁纽带、民营企业家的"娘家"，工商联这件提案较好地反映了"中小科创企业被关注度较低，企业发展过程中面临着不少难点和痛点"的现状，特别是关注了普遍存在的"运营成本过高、融资成本过高"两个共性、急难的问题。为了进一步优化中小科创企业的发展环境，进一步发挥这类企业在杨浦科技创新中心重要承载区建设中的"金字塔"塔基作用，提出了三点很好的建议。界别集体提案具有层次高、分量重、整体性强、代表性广的特点。本着凝心聚力、建言献策、服务大局的宗旨，运用提案集中界别的集体智慧，反映界别的共性要求，是发挥界别作用的重要途径。

（点评者：原杨浦区政协提案委员会主任周卫良）

提案者自评：

中小科创企业的健康成长，直接关系到杨浦建设科创中心重要承载区的工作成效，因此是我会长期以来一直关注的热点之一。我会深入基层开展调研，通过与广大中小科创企业经营者面对面交流、召开企业家座谈会等，掌握了大量信息，包括这些企业的现状、经营的难点和痛点等。在此基础上，概括提炼出中小科创企业普遍存在的运营成本过高、融资成本过高等共性问题，并据此提出了三方面共七条建议与解决途径。这些建议契合杨浦的实际和企业需求，具有较强的针对性与可操作性，为区相关部门更好地服务广大中小科创企业、推动杨浦“三区一基地”建设提供了有益帮助。

关于改变老年餐厅售卖方式和服务模式的建议

提案编号： C061

提 案 者： 张莉

提交时间： 2019 年 1 月区政协十四届三次会议期间

十九大报告中提出“要完善国民健康政策，为人民群众提供全方位全周期健康服务”“积极应对人口老龄化，构建养老、孝老、敬老政策体系和社会环境，推进医养结合，加快老龄事业和产业发展”。这既体现了党和政府对于解决老年人居家养老问题的决心，也为全社会关注居家养老服务以及老龄产业的发展指明了方向。

当前我国已进入人口老龄化快速发展阶段，预计 2020 年将达到 2.43 亿，2025 年将突破 3 亿。对于高龄和失能的老年人，集中式的养老方案比较可行，而对于大部分尚有自理能力、希望留在熟悉的社区中生活的老年人来说，居家养老是其现实的选择。在居家养老服务的“衣食住行医”中，一日三餐的问题是最突出、对老年人生活质量影响最大的一个问题，是解决老年人的生存保障、确保其“老有所养”的基础和关键。

近年来，老年餐饮市场需求旺盛，政府大力支持，社会力量也积极参与探索，但老年餐厅屡开屡败。为此我们从老年人的需求、现有的老年餐厅市场供给等多个方面专门做了详细的调查研究，发现现有老年餐厅供给模式与老年人的需求不匹配是最主要的原因：

一、老年人饮食需求和消费观分析

1. 老年人的饮食需求

老年人消化吸收能力下降，饭食的摄入量减小。因此，老年人在饮食上最突出的矛盾和需求，就是如何在摄入较少食物的同时，保证食物种类的多样性，以获取全面均衡的营养，维持身体健康。

2. 老年人的消费观

老年人普遍生活节俭，不愿意浪费，他们往往宁愿吃得简单些也不愿意浪费食物。这种消费观，往往导致他们因为吃不多又怕浪费，而不敢多做几样菜或不敢多点几样菜，在饮食上只能保证“量”（摄入量）而无法保证“质”（营养全面均衡）。

二、传统老年餐厅售卖模式无法满足老年人的饮食需求，且不符合其消费观

传统老年餐厅采取按份售卖模式，想要花样多，就得点多份；点多份，又会吃不了，因此不仅多花钱，还浪费食物，与老年人的消费观完全不吻合。因此传统中餐的售卖方式无法满足老年人“少量多样、节俭不浪费”的个性化需求。而普通的自助餐虽然是按需取量，但都是按位收费，偏高的价格和老年人只吃很少的消费量都令老年人很难接受。

综上所述，传统老年餐厅所采用的按份售卖方式，因其无法满足老年人的饮食需求且不符合老年人的消费观，而成为其致命的弱点。因此，如何改变老年餐厅的售卖方式和服务模式，使其能真正符合老年人的就餐特点、满足老年人的饮食需求同时符合其消费习惯，是办好老年餐厅的关键所在，也是使老年餐厅能更好地服务老年群体、更好地发挥其在居家养老服务上的重要作用的关键所在。

改变老年餐厅售卖方式和服务模式，必须践行习总书记倡导的供给侧改革思路，借助科技手段，让老年餐厅能够真正满足老年人群体的实际需求。这样的餐厅应该具备以下特点：

1. 实现自助取餐、按需取用、自动完成称量计费和结算，这样的方式不仅能使老年人自由选择喜欢的菜品，而且可以满足其一餐多菜、少量多样、营养全面的饮食需求。

2. 实现按需消费，按量结算，精确到克。老年人吃多少，花多少，同样消费下，吃的品种更多、更好，不浪费。

3. 智能系统可为老年人提供每餐的营养摄入信息，营养专家通过长期的监测分析可为老年人提供更精准的营养健康服务。

目前，基于供给侧改革思路，建议开发适应老年人饮食需求和消费观的餐厅自助称量销售系统进行尝试，解决老年人饮食观和消费观相矛盾的问题，为早日实现十九大报告提出的“构建养老、孝老、敬老政策体系和社会环境，推进医养结合，加快老龄事业和产业发展”做出积极贡献。

专家点评：

本提案针对已经面临的老龄化社会中急需解决的就餐难问题出实招，是一篇质量较高的提案。提案者经过深入调研，找到老年餐厅屡开屡败的主要原因，即现有供给模式与老年人的需求不匹配的成因。分析详尽到位，从饮食需求、消费观入手点明了现有模式与老年人个性化需求相悖而使其成为致命弱点。在建议中分别从品种、质量、价格、反馈、改进、后台分析等切入点提出改进思路，尤其运用智能化系统为老年人提供更精准的营养健康服务，在当时提出有一定的超前意识，这些建议为政府部门改进工作，把好事做好，更好为老年人服务，适应老年化社会指出了努力方向。

（点评者：原上海市政协提案委员会专职副主任朱钢）

承办单位点评：

提案中反映的老年餐厅供给模式与老年人的需求不匹配情况、指出的传统老年餐厅售卖模式无法满足老年人的饮食需求问题、提出的改变老年餐厅售卖方式和服务模式建议，对我局进一步做好老年人助餐服务工作具有很好的参考价值和现实意义。我局结合实际工作，在答复中主要提出了三个方面的助餐服务提升方式。一是强化集中用餐服务模式结合配餐上门模式，构建从“中央厨房（餐饮服务经营者）或社区长者食堂→老年助餐点→老年人家庭”的三级功能布局。二是落实社区长者食堂、老年助餐点、中央厨房三级功能布局，至2022年底实现全区社区长者食堂总数不少于25家、老年助餐点总量不低于90家、中央厨房供餐单位达到3家。三是加大老年人助餐服务的政策扶持力度，并针对提案中提到的传统老年餐厅所采用的按份售卖方式，无法满足老年人的饮食需求且不符合老年人消费观的问题，我局在部分有条件的社区老年食堂中试点开展自助取餐、按需取用、自动完成称量计费和结算的模式，并引入打菜神器——自助式计量结算智能系统，进一步提升了为老助餐服务水平。

（点评者：杨浦区民政局）

关于升级青少年科创教育构建杨浦创新生态闭环的建议

提案编号： C072

提 案 者： 杨浦区知联会

提交时间： 2019 年 1 月区政协十四届三次会议期间

2018 年 4 月，李克强总理到长阳创谷视察时，对杨浦的创新生态系统给予了充分肯定，并提出打造双创“升级版”、建设“世界级创谷”的更高要求。“如何打造世界级创谷”成为杨浦下一步必须不断探索并付诸实践的重大使命。

打造世界级创谷起码要具备三项能力：在全球聚集高端创新资源的能力、建设全球引领的创新生态的能力、构建独特创新文化的能力。

杨浦将建立由创新生态示范区、创新智造功能区、创新消费体验区和创新文化承载区组成的四大品牌体系，“创新”这个关键词贯穿始终，而“创新生态”则是四大品牌体系的基石。

我们注意到，目前杨浦的企业和大学创新创业氛围已经形成气候，但青少年科技创新活动缺乏融入整个创新生态的机制。

营造创新生态的着力点在于创新型人才的培养，而青少年是人才培养的重中之重，是创新人才的根基和源泉。另一方面，“深化教育改革，推进素质教育”，是习近平总书记对教育工作提出的明确要求，加强青少年科技创新教育势在必行。

杨浦是基础教育强区，立足杨浦科教资源的区位优势，升级青少年科创教育，是构建杨浦创新生态、建设世界级创谷的重要环节。

杨浦青少年科创教育基础扎实，成果显著。我们了解到：

一是以中小学校创新实验室建设为抓手，杨浦已经提前完成“到2020年每个中小学都必须建设有一间创新实验室”的目标。以青少年创新人才培养为目标，建设创新型环境、师资及课程，以实践体验、引导的方式促进课堂教与学方式转变，促进学生创新素养培养。

二是通过区域创新实验室联合运作体系建设，实现跨学科、跨学校、跨学段互动交流，形成以五所高中为核心校，联合初中、小学形成的五大区域联盟，建立课程体系，促进学段贯通。

三是依托高校、院所培养拔尖苗子，形成中小学与区域高校、院所的联动，开展中小学生进入科研院所、科学家进校园等活动。

我们也发现，科创教育势头良好，但存在的问题正逐步显现：

一是全社会对于青少年科创教育的认识不足。全社会在打造创新创业的氛围，却没有认识到基础教育（含高中）阶段的青少年创新素养的培育是创新生态形成闭环的重要环节。对青少年科创教育的重要性未能形成重视和共识。对科创教育的理解更加倾向于技术教育，忽略了科学的重要性，而科学素养的形成在青少年创新素养的培育中至关重要。

二是基于创新实验室建设的校园创新生态还未形成。学校是青少年最重要的活动区域之一，因此学校应是一个创新的场所，目前以创新实验室的建设作为基础布局，尚处于从0到1的阶段，尚未形成带动学校、教师、学生完整的校园创新生态的态势。

三是高校和院所、创新型企业以及中小学自身的科创资源缺乏整合的力度和意愿，难以释放能量。高校、企事业单位等社会各方的科创资源与中小学科创教育的衔接不足，更多停留在形式性的参观、零星的活动等，资源未能得到系统化运用，未能形成青少年科学素养培育的合力。

为此，我们建议：

1. 提升关注，优化杨浦青少年科创教育的整体环境。区政府层面提升对青少年科创教育的关注度，将其纳入杨浦创新生态建设、杨浦营商环境优化的范畴。建议成立青少年科技创新教育联席会议，由分管区长牵头，打破体制、行业、条块的限制，营造一个全社会来共同参与青少年科技创新教育的机制。加大青少年科技创新活动的宣传和展示力度，吸引更多青少年的参与，获得更多家长和学校的支持，提升全社会的认知。

2. 加强引导，形成新型立体化的青少年科技创新支撑体系。学校是基础，要优化中小学创新实验室布局，扎根于创新实验室这一“点”，从环境、学校、教师、学生多方面加强指导。营造校园支持科创、鼓励科创的氛围。学校以外，在杨浦区打造几个青少年科技创新（教育）示范高地，政府、社区、高校、科研机构、高新企业联动，将优势科创教育资源通过集聚与整合，高强度地辐射周边的中小学。

3. 机制保障，升级高层次青少年科创实践项目。升级中小学生进入科研院所、科学家进校园的“双进入”项目，使之成为杨浦青少年高层次科创实践的综合载体。“双进入”项目不只是一项荣誉，更是一项高含金量的青少年科创实践。首要是落实资金，建议由政府设立专项资金，或成立多元化资金来源的基金，使青少年高层次科创实践有资金保障。在高校和科研机构等单位发展会员，组建专家库，使青少年高层次科创实践有学术保障。在全区青少年中自由申报课题，接受专家的指导，引入第三方服务与评价，使青少年高层次科创实践有运营保障。

大树来自苗圃，让杨浦的中小学、校外活动场所成为创新苗圃，那一定是最大的创新苗圃。杨浦创新生态中，青少年创新教育一环值得重视、值得投入。

专家点评：

提案围绕升级青少年科创教育的专题，在肯定本区取得成绩的前提下，找出区域范围对此项工作认识不足、校园创新生态尚未形成、缺乏整合、释放能量难等问题，提出优化整体环境、创新支撑体系、升级实践项目三方面对策。尤其是建立协调机制，打破各种限制，营造创新环境，打造若干个示范基地，集聚整合优势，高强度辐射周边中小学以及学生进入科研院所、科学家进校园“双进入”项目，都具有一定的可操作性，对承办单位落实提案建议，真正促进青少年科创教育的升级具有相当的推进作用。建议部分中如能就高中、初中、小学三阶段开展创新教育提出一些思路性建议则更佳。

（点评者：原上海市政协提案委员会专职副主任朱钢）

提案者自评：

基于专业观察，汇聚多方智慧。2018 年区知联会发展了两名高学历的新会员，同济大学和法国巴萨克雷大学双博士陈全、同济大学物理学院博士邹丽萍。两位博士都在从事青少年科技创新的辅导工作，这是一个以同济大学博士为骨干的创业团队。金迪会长在走访新会员的过程中了解到青少年科技创新能力培养是教育改革的一个重要方向，建议知联会可以就此开展调研。陈全博士和邹丽萍博士已经在此领域工作多年，掌握了不少基层学校和各区县的具体情况，积累了很多数据，也思考了一些比较深层次的问题。知联会组成调研组后，成员有教研员、科技型企业高管、知识产权服务者，大家一起走访了相关机构，然后开展座谈交流。这些力量，汇聚起来形成了调研报告，在随后的政协大会期间转换成集体提案。本提案的亮点在于既为基层学校和教育主管部门提出了可行性建议，又站高一步从营造创新文化、打造杨浦创新生态的角度建议成立高层次的青少年科创教育指导机构。我们注意到，2021 年上海市成立了“上海市科创教育指导委员会”，这一举措与我们两年前的建议不谋而合。

关于搭建社区与高校联动平台助力社区自治新格局的建议

提案编号：C081

提 案 者：曹凤云

提交时间：2019 年 1 月区政协十四届三次会议期间

2018 年 12 月 25 日上午，上海开放大学邀请复旦大学唐亚林教授做“超大城市的基层治理变革与创新”的讲座。唐教授用一年多的时间深入浦东新区周家渡街道云台二社区一线，亲自参与并设计社区治理框架，形成了一整套完整的体系。当天下午，刚好是我区社建办“2018 年居民自治十佳项目终评会”也在上海开放大学举行。上下午的活动让我萌生了写这个提案的想法，进入终评的 15 个项目是全区优中选优的项目，可与唐亚林教授参与的项目还是有差距的。杨浦一直倡导“三区联动，同创共建”，可非常遗憾的是，作为从事社区管理与服务专业 20 年工作的老教师，前期却与这些鲜活的实践无缘。

对此，建议：

一、搭建平台，让高校相关专业教师融入项目建设过程中

我区各街道近几年都有一些社区自治、社区建设等项目，有着非常深厚的社区治理基础，也积累了丰富的经验。“礼治社区”“社区大管家”等都已经打响了品牌，形成了杨浦特色。可还有一些项目停留在就事论事的层面，仅将所做工作进行流水账式整理，欠缺一些设计，也疏于理论提升。高校相关专业教师的加入并不会给项目进程增加麻烦，而是填入新鲜血液。复旦大学（唐亚林)、同济大学(郭强)的教授们都在这方面做出了表率。

二、主动邀请高校青年教师挂职锻炼

高校对青年教师都有实践要求,可教师们苦于没有渠道寻找实践单位。各街道若能主动发出邀请,也是为区域内高校青年教师开辟了实践通道。这些鲜活的案例非常值得高校相关专业教师学习,也必将进入课堂为杨浦社区建设培养更适用的社区管理人才。另一方面,教师们的理论视野和全球化视角,也会为项目增添智慧。比如,可以从项目实践之初就进行顶层设计;再比如,可以借助教师们的概括能力、写作能力,给这些鲜活的案例插上理论的翅膀。再加上技术的、信息化的翅膀,那杨浦的社区治理精细化水平将如虎添翼。

三、建立高校与社区的对话机制

双方协商不定期举办对话会,对挂职教师的工作进行评估总结。稳妥起见,可在某街道或居委会进行试点,形成可操作的模式后再推广。让社区和高校取长补短、互惠互利,打造社区治理的双赢甚至多赢局面。

领导点评:

加强基层建设、打造共建共治共享的社会治理格局,需要广大群众和社会各方面积极参与。曹凤云委员作为长期从事社区管理与服务研究的高校教师,立足自身专业,结合实践体会,针对如何让更多高校教师有机会参与和助力社区建设,真诚表达心声,认真提出建议。提案契合杨浦发展一以贯之的“三区联动”理念,关注社会治理中的热点和难点问题,思考发挥资源优势推动提高工作的可行之道,体现了作为一名政协委员的责任心和使命感,是委员提案以专业为本、以发展为重的生动演绎。

(点评者:杨浦区政协秘书长徐进)

专家点评:

这是一位从事社区管理与服务专业工作20年教师的心声,在为其他大学的同行能“亲自参与并设计社区治理框架,形成了一整套完整的体系”的成就“鼓掌”的同时,也为自己与杨浦“三区联动,共创共建”的鲜活实践无缘而遗憾。为了让区域内高校更多的相关专业教师能融入杨浦的社区自治和社区建设项目,提案者有感而发,提出了搭建平台,为区域内青年教师开辟实践通道,让教师们的理论视野和全球化视角为社区自治和治理项目增添智慧，实现互惠互利、双赢共赢的建议。政协委员以专业的身份，关注专业的问题，提出专业的建议，奉献专业的力量，以专业体现价值，可以更好地实现政协的优势。

（点评者：原杨浦区政协提案委员会主任周卫良）

关于大力扶持知识型服务业发展夯实杨浦创新创业生态基础的建议

提案编号：C087
提 案 者：杨浦区工商联
提交时间：2019年1月区政协十四届三次会议期间

近年来，杨浦不断加快对创新生态的培育，打造了以“环同济知识经济圈”现代设计业集聚区为代表的知识型服务业知名品牌。全区知识型服务业增加值由2005年的49.3亿元增长至2017年的308.97亿元，同比增长率均值超过10%，从行业占比情况来看，知识型服务业占区生产总值的比重也由2005年的11.67%增长至2017年的18.14%。此外，2017年杨浦区第三产业增加值为749.93亿元，其中知识型服务业增加值为308.97亿元，占杨浦区第三产业的41.20%，这也充分表明在杨浦区的第三产业当中，知识型服务业已成为优势产业。

我们认为，杨浦区知识型服务业作为本区优势产业，其具备的一系列行业属性对塑造杨浦创新创业生态，提升杨浦产业能级与竞争力具有重要意义，同时其强有力的服务特性可以带动众多相关产业的加速发展，从而引导、推动杨浦现有产业集群向国家先进战略产业领域加速迈进。我们在调研中感到，在助力上海全球科创中心建设的努力中，杨浦成效显著，未来还有一定的提升空间。

一是知识型服务业高端龙头企业缺乏，在提升产业集中度、品牌标识度和经济贡献度方面还有提升空间。在产业集中度方面，区知识型服务企业的规模在100～500人的企业占比达到32%，500～1000人以及1000～5000人的企业分别占比3%，有影响力的大型区知识型服务企业较为缺乏。大型企业的严重缺失，也容易造成本区域内行业高端人才资源的流失。在品牌标识度方面，建筑设计业作为杨浦知识型服务业的代表性产业，更多以“同济”而非“杨浦”为自身品牌，全国建筑设计行业只知同济、不知杨浦者甚多。在经济贡献度方面，在2018年上海市服务业纳税百强民营企业中，我区仅占据4席。

二是在强化知识型服务业的技术溢出效应与梯度辐射效应方面还有提升空间。区知识型服务业企业与高校或科研院所进行研发创新合作的比例仅为41%；在与高校或科研院所合作过程中，仅有7%的企业表示合作的产出效果显著，而高达60%的企业表示产学研合作产出效果一般甚至为零。在企业自身的创新产出中，有86%的企业的专利产出低于10项，高于30项专利的企业仅占3%。这充分表明杨浦区知识型服务业的产学研合作强度和产出效率仍不理想，知识溢出效应仍有提升空间。同时溢出效应的不足，又进一步降低了杨浦区知识型服务业对周边乃至更远区域的梯度辐射效应强度，降低杨浦区知识型服务业的品牌标识度和影响力。

三是在打造集聚知识型服务业高端要素的生态环境方面还有提升空间。杨浦知识型服务产业的利润率基本都在10%左右，而其经营成本主要是人力成本。2013年税制改革之后，这类企业所缴税收的地方财政留存部分减少，同时，企业成本项目当中基本没有具备抵扣条件的抵扣项，导致企业成长负重日益增大。近年来，区内双创企业在形成一定规模后的外流现象仍然十分严重，优势行业的项目和企业在杨浦的根植性仍然不足，许多企业和科研项目孵化在杨浦，而产业化基地却设在区外，没有在杨浦长期落地。

对标新要求，针对新挑战，我们提出如下建议：

一、丰富和延伸杨浦创新创业服务链条，推动“生态更优”

围绕区优势产业企业与创新项目的培育、成长和落地发展，转变以往“重孵化培育，轻后续跟进服务”的理念与方式，进一步丰富与延伸创新创业服务链条，为杨浦企业打造“培育—成长—落地—发展—转型升级—再发展”的一站式持续性创新创业服务链条。以此为依托，打造完善的产业环境、多元的科技金融环境、高效的政务服务环境以及公正的法治环境，切实推动杨浦培育的优势项目与企业能够留在杨浦、扎根杨浦的同时实现充分快速发展。

二、建设区域产业共性技术研发基地以及研发与转化功能型平台，力争“梯度更强”

围绕杨浦区域内的优势产业和企业面临的共性研发创新需求，引导区内高等院校、科研院所以及国家重点实验室、工程研究中心等向周边产业园区开放。配合国家双创示范基地建设，采取政府引导、共同投入、风险共担、成果共享的方式，在知识型服务业以及战略性新兴产业领域，共建一批区域性产业技术创新联盟。同时，针对成果转化效率低下的问题，加强政府引导，建设一批多领域融合、多学科交叉、多功能集成的研发与转化平台，为研发机构与科创企业的紧密合作提供方向和载体。

三、提升杨浦知识型服务业品牌标识度、人才集聚度和产业引领度，实现“高端更高”

针对杨浦知识型服务业生存成本加剧、规模发展艰难的现状，突破传统思维，研究制定大力扶持高端知识型服务产业和相关企业的综合政策，使杨浦成为吸引和留住高端科研人才干事创业的高地，成为高端知识型服务业企业总部生根成长的沃土，并充分激发知识型服务业较高的价值链地位和其自身所具备的强大的产业关联性，以知识型服务业为引擎和纽带，引领杨浦区其他产业向价值链高端提升，推动产业提质增效升级，将杨浦区知识型服务产业集群打造成为“上海服务”的一块金字招牌。

专家点评：

提案就进一步扶植知识型服务业发展建言献策。特点是运用数据来突出成绩、肯定地位、分析不足，同时阐述改进方面，提出目标建议，具有相当说服力。通过这些数据，正确认清面临的形势、危机、机遇和挑战。对政府部门提出如何培育大型企业、如何防止人才流失、如何打出本区品牌、如何提高产学研黏合度、如何解决和处理好产业化基地落户本区等系列问题，并由此提出三方面建议。这篇提案选题比较好，符合当前发展形势，有两方面可以进一步加以完善：1. 建议部分可以更加具体。在理念上提出强培育强落地要求的基础上，针对问题提出可操作的、可实施的计策；2. 各负其责可更加明晰。进一步明确政府部门、高校院所、企业、社会组织等应担负的责任，方便政府部门有效地采纳建议。

（点评者：原上海市政协提案委员会专职副主任朱钢）

承办单位点评：

该提案立意高、思路清、措施实，高度契合近年来全区双创工作重点，具有较高的指导性和针对性。近年来，杨浦区始终坚持举创新旗、走创新路、打创新牌，双创成效显著，成为连续多年被国务院发文表彰的区域类国家双创示范基地。杨浦区始终以办好提案建议作为重要抓手，推进创新创业工作高质量发展。一是始终坚持打造最优创新创业生态体系，积极营造国际一流营商环境，着力打造完善的产业环境、多元的科技金融环境、高效的政务服务环境以及公正的法治环境。二是构建源头创新的“四梁八柱”，积极推进上海技术交易所、国家技术转移东部中心、北斗高精度位置服务平台、太赫兹波谱与影像技术产业化平台等功能平台建设。三是提升杨浦服务业品牌标识度和集聚度，积极创建大创智国家服务业创新发展示范区，全力打造环同济知识经济圈2.0版。

（点评者：杨浦区发展和改革委员会）

关于学习借鉴全球城市经验
提高杨浦土地资源利用效率
推动高质量发展的建议

提案编号：C125

提 案 者：区政协经济委员会

提交时间：2019 年 1 月区政协十四届三次会议期间

根据新一轮城市总体规划，2020 年上海城市建设用地规模将控制在 3 185 平方公里。至 2015 年末，建设用地规模已经达到 3 071 平方公里。这意味着，上海建设用地增量极其有限。但与此同时，上海总体开发强度达到 50%，伦敦、巴黎、东京、香港等国际著名城市的开发强度不过 20%～30%。

上海增量建设用地不足和存量建设用地低效并存，已成为亟待破解的问题。统计显示，上海 30%的建设用地贡献了超过 90%的产值，70%的工业用地贡献率不到 10%。提高土地特别是工业用地的利用率，成为打破土地“天花板”、推动高质量发展的关键。

2018 年 6 月 27 日，市委书记李强在十一届市委四次全会上提出：要提高城市经济密度，在提高地均 GDP 和人均 GDP 上下功夫，对照全球城市标准，对照先进生产力的需要，提高土地经济承载容量。这一表述，为上海未来发展指明了方向。

杨浦作为老工业基地，区内工业用地存量较大，央企、市属国企占用土地较多，受企业经营业态和效益影响，相当比例的地块产出较低。在《杨浦区“十三五”规划纲要》及专项规划中，亦明确指出：“杨浦滨江 12.93 平方公里范围内，每平方公里GDP产出较低，对区域经济贡献不高，仍然依赖于基础产业。”

从全球看，紧凑城市的理念成为一流城市和城区的规划建设理念。欧洲城市大多秉持“紧凑城市”的理念，各类商业、服务业集聚在设计紧凑的城区，为居民创造便利化的生活环境。美国的亚特兰大和西班牙的巴塞罗那，两市人口数量相近，亚特兰大占地面积4280平方公里，巴塞罗那只有100平方公里。亚特兰大交通碳排放量是巴塞罗那的10倍，市民也饱受长途奔波之苦。

在推进西部核心区、中部提升区和东部战略区过程中，应该秉持“紧凑城市”理念，着力提高土地利用效率，促进高质量发展。

建议：

一、大力推进存量产业用地提质增效减量，多策并举推动国企带头实施

从杨浦看，区内有不少央企、市属国企及其旗下的子公司，其中有不少业态较为低端，或者出租给较为低端的企业经营，甚至直接空置。这些企业与杨浦经济社会发展脱节，且此类土地在安全、环保和生态领域都带来了一系列问题，亟待改变现状。当前，全市正开展对低效工业用地的综合治理，建议杨浦抓住这一契机，着手开展对存量工业土地的整治，多策并举，推动这些低效用地转型发展。比如，区内一些较为成熟的项目或规划构想，可以争取市级政府部门支持，市区联手做相关国企工作，推动其参与区域转型发展。

二、对城市容积率进行动态优化，实现强度差异化的空间布局，提升城区品质

从国际成功经验看，纽约、东京等一流城市都实施了容积率奖励和转移的政策，以实现历史遗址保护、增加公园绿地等规划意图。比如，为了在城区增加公园和绿地，纽约允许土地所有者在公园周边获得容积率补偿。这样一来，整体容积率不变，但城市形成了疏密有致的空间格局，城市肌理更为丰富，避免了“扁平化”布局。

杨浦要提升城区空间品质，可以探索实施“强度换空间”的政策措施，通过提升区域内部分地块开发强度及容积率，将节省下来的土地空间用于增加绿地和公共空间，形成更具活力的城区，为市民打造更高品质的生活。

三、充分发挥轨道交通站点的优势，推进TOD引导下的高强度开发

公共交通为导向的发展模式（TOD模式），是国际一流城市较为成熟的发展理念，通常以地铁、轻轨等轨道交通及巴士的站点为中心，以400～800米距离为半径，建立集工作、商业、文化、教育、居住为一体的城区，实现城市组团紧凑型开发。新加坡对容积率实行“基准加奖励”方式，对MRT（城市快速客运）

站点附近的建筑进行容积率奖励，奖励容积率与基地规模和 MRT 站点的距离直接挂钩。

杨浦区内有轨交 8 号线、10 号线、12 号线，部分毗邻轨交 3 号线、4 号线。然而，轨道交通站点周边开发强度还不够高，集聚效应还没有充分体现。建议更加重视轨道交通站点周边地块开发，对此类重点区域实行特定容积率指标，大幅提高开发强度，充分发挥政策的引导力。

四、对核心区域进行更高密度的开发，鼓励通过城市更新提高容积率

东京中心城区的“大丸有”地区，是东京重要的 CBD 地区。2002 年，东京都将该地区作为“都市再建特别区”，实施了特别容积率制度，区域内新的容积率提升到原来的 1300%，新建了东京新厦、新丸大厦、Gurantoukyou 大厦、丸之内公园大厦等，并集聚起金融业、服务业、制造业等顶级公司，区域内产值达到日本 GDP 的 20%。

杨浦区要深入推进大众创业、万众创新，聚焦招引培育优势企业，积极发展实体经济，可以借助城市更新的契机，着力提升容积率，增加开发强度和规模，形成产业集聚效应。

领导点评：

提案怎么提？专委会的作用如何体现？经济委的这份提案具有示范意义。首先是充分挖掘和壮大调研的队伍。经济委牵头抓总，联系了党派和高校的力量，以课题为主线，团结有专业特长、有兴趣爱好的委员和各界人士，在调查中增进了解，在比较中化解分歧，在研究中赢得共识。其次要善于在冷问题、边界问题上发挥参政议政的作用。土地资源利用效率问题，切口小、专业性强，既涉及历史演进传承，又关乎原有规制的对待。政协位置超脱，经济委跨前一步，可以为破解难题出谋划策。最后，建议和意见不是政府一个部门就能完全解决的，但为牵头部门解决提供了思路。“市区联手对低效工业用地综合治理”“探索实施‘强度换空间’‘基准加奖励’”等建议应运而生。

（点评者：杨浦区政协主席郃荀）

专家点评：

增量建设用地不足和存量建设用地低效并存是杨浦以至整个上海亟待破解的问题，经济委员会的这件提案秉持“紧凑城市”理念，立足杨浦实际，充分借鉴国内外城市的成功经验，围绕招引培育优势企业，发展实体经济，借助城市更新的契机，着力提升容积率，增加开发强度和规模，为提高土地利用效率，促进高质量发展建言支招。提案以先进理念着力提出问题，以严谨态度倾力分析问题，以真知灼见助力解决问题。突出围绕中心、服务大局、反映大事是提案工作的基本要求，在具体选题时要从宏观着眼、微观入手，针对存在的具体问题，通过深入的调查和研究，建管用之言、献可行之策。反之，若选题过于求大、求新，以期引起重视，结果会适得其反。

（点评者：原杨浦区政协提案委员会主任周卫良）

关于提升“美丽家园”建设品质的建议

提案编号：C129

提 案 者：马军

提交时间：2019 年 1 月区政协十四届三次会议期间

我区“美丽家园”建设是在原来的小区综合整治基础上，根据市里统一要求部署，于 2018 年开始实施。通过调研发现，我区的“美丽家园”建设实施范围广、实施进度快、实施效果明显。2018 年共开工建设了 103 个小区 320 万平方米，其中 17 个小区 53 万平方米已经竣工，涉及小区的居民对建设成效给予了充分肯定，小区面貌得到了较为明显的改观。但是由于资金面、改造小区的实际条件限制等原因，“美丽家园”建设的品质不高，居民的居住功能（如煤卫设施、电梯加装、停车位等）没有实质性改善。为此，提出以下建议：

一、开展“美丽家园”已实施项目的绩效评估，检验项目的实施效果。“美丽家园”的建设对小区的整体品质、居住条件、城市面貌、政府管理效率、社会稳定等均有一定程度的提升，可以通过专业的效用或效绩评估，检验其实施成果，并给后续的工作提供经验与改进措施。

二、着力改善居民居住条件与附属设施（如电梯、卫生设施、停车位等），将改造的重点向提升居住功能延伸。“美丽家园”实施的小区大多无电梯、卫生设施缺乏、停车位紧张，小区内老人多、居民收入低、人员素质不高，改善居住功能心有余而力不足。通过有限的投入进行加装电梯、消灭马桶、增加停车位等举措提升居住功能，让老旧小区的居民早日真正改善居住条件。

三、规划引领，有序地开展“美丽家园”建设，有效提升建设品质。根据区有关部门数据，杨浦区有367个小区需要进行“美丽家园”建设，数量较大、涉及居民较多。建议通过合理规划梳理，循序渐进地推进建设的实施，将有限的资金运用在最急需、最适宜的项目上，充分发挥社区规划师、设计师的智慧，采用适宜标准进行建设，并形成标杆性的指导标准或准则，逐步推广至其他小区，使“美丽家园”建设得到品质上的提升。

领导点评：

提案是履行人民政协职能的重要方式，是政协委员参政议政最重要的手段和最便捷的途径，质量是提案工作的生命。这份提案主要的逻辑起点是，“美丽家园”建设已经卓有成效，但还存在一定的短板，影响了建设品质的提升，并就此提出了三条建议：一是开展实施项目的绩效评估；二是进一步改善，将重点延伸到居住功能；三是注重合理规划，因地制宜。提案的建议具有一定的前瞻性，但又注重操作的可能性，反映群众的呼声和痛点，注重“提升”“提效”，为提案的承办单位所采纳，在工作措施中予以吸收。

（点评者：杨浦区政协副主席陆静）

专家点评：

这是一份在党政决策实施过程中开展民主监督、提出意见建议的好提案。“美丽家园”建设是区委、区政府旨在“持续精准补齐民生短板，着力提升小区运行安全水平和居住环境品质”的一项民生工程。在实施一年后，马军委员通过调研发现，由于资金面、改造小区的实际条件限制等原因，“美丽家园”建设存在品质不高和居民的居住功能没有实质性改善的问题。为此，他从三个方面提出了加以改进完善的建议。承办单位肯定提案“具有较强的指导性和前瞻性”，并积极地予以采纳。提案是人民政协履行民主监督职能的重要方式，提案者要以善意的眼光看待监督，以助力的愿望开展批评，以务实的精神提出建议，善于运用提案传递民主监督的正能量。

（点评者：原杨浦区政协提案委员会主任周卫良）

关于处理好六个矛盾
提升杨浦“美丽家园”建设水平的建议

提案编号：C140
提 案 者：李麟学
提交时间：2019 年 1 月区政协十四届三次会议期间

杨浦区 2018 年完成“美丽家园”建设 100 多万平方米，2019 年将更新 300 多万平方米，平均投入约 400 元/平方米。“美丽家园”建设投入大、数量大，任务艰巨，已成为市民关注的重大民生工程。

结合已完成的工程考察与经验总结，认为在之后的“美丽家园”建设中，要处理好六个矛盾：

1. 追求效率与多方参与的矛盾，要有耐心处理各方诉求，追求最大公约数。

2. 硬件改造与机制提升的矛盾，硬件改善同时要关注长效管理机制的建立。

3. 统一美学与多样特色的矛盾，既要有统一指导，也不能出现呆板的“统一店招”那样的缺失多样文化特色的改造。

4. 数量落实与高品质示范的矛盾，在投入不小的情况下，完成数量任务的同时，要有高品质的追求与管控。

5. 物质空间更新与文化时间痕迹的矛盾，要关注时间沉淀的社区与街道文化，发掘文化遗产、片段与民俗特色。

6. 新功能植入与社区日常生活的矛盾，要关注因拆违等产生的居民日常生活设施缺失等新问题。

针对以上矛盾，需要相关部门高度关注、协调统筹，为提升“美丽家园”建设的水平，特提出以下两项对策：

1. 政府牵头，制定和落实《"美丽家园"设计与建设导则》，提供80%以上社区的高水平保证，在小区特征分类、拆除导则、改造部位技术要点、施工措施要点、管理机制等方面形成系统化技术指引。

2. 5%"美丽家园"社区更新建议引入明星建筑师、规划师，打造"明星家园"，形成高水平引领示范。促进在规划建筑设计、社区治理模式、社区文化创新、更新展示推广等方面具有国际引领性的示范案例，既关注普通民生，又要能拿国际国内大奖。

领导点评：

"美丽家园"建设是近年来上海的一项民生工程，将造福广大居民群众，因为涉及居民的日常生活和环境治理，所以在施工过程中和完工后会存在各种矛盾和不同诉求。李麟学委员的提案简洁明了，直接点明主题。针对"美丽家园"建设进行了工程考察和归纳总结，从中提出了六个矛盾，每个矛盾都具有代表性和实际意义。这些矛盾正反映出背后的各种问题，如不同部门之间的协调与修缮资金的分配、完工后的保修问题、个性化的设计风格、品质管控、小区建设的文化内涵、配套设施与功能健全等方面，可见提案人是花了一番心思做的调研。这些与居民息息相关的问题和矛盾，说明改造建设不是单方面的施工，而是由建设方与使用方共同决定的。该提案既反映了社情民意，也是对职能部门施政的鞭策。

（点评者：杨浦区政协副主席翟骏）

专家点评：

提案围绕"美丽家园"建设这一重大民生工程来为进一步提升人民群众的感受度幸福感出实招。其特点之一，用处理好六个矛盾来指出"美丽家园"建设中需要改进的问题，如店招的呆板、统一无特色等；特点之二，对策中引入"导则"和"专业人士"有其实际意义，既贯彻"美丽家园"的主题，完成政府实事工程，又可避免呆板，追求千篇一律之短处，因地制宜，结合区域特色，保护改进相结合。如将本区值得借鉴的案例作为提案分析内容，阐述提案者主题思路和智慧，可增强说服力；对策建议中概念化、原则性表述可进一步深化具体，利于政府部门采纳决策，使得"美丽家园"建设中更体现分层次、突特色、便百姓，提升本区老百姓的幸福感。

（点评者：原上海市政协提案委员会专职副主任朱钢）

关于实施“促进杨浦区社区卫生服务中心电子健康档案应用水平等级建设”社区综合改革配套项目的建议

提案编号：C166

提 案 者：区政协十四届三次会议医卫组

提交时间：2019 年 1 月区政协十四届三次会议期间

2015 年 1 月，上海市政府印发了《关于进一步推进本市社区卫生服务综合改革与发展的指导意见》(沪府办发〔2015〕6 号)，并发布了社区综改 8 个配套文件(简称:“1+8”文件)。“1+8”文件明确提出信息化建设的核心是建立市、区、社区三位一体的卫生综合管理平台。

2016 年 8 月，市卫计委信息中心发布了《关于开展社区卫生服务中心电子健康档案应用水平等级评审工作的通知》(沪卫计信息中心〔2016〕8 号)，要求全市社区卫生服务中心均要通过电子健康档案应用水平等级评审(简称:EHR 评级)，至少要达四级标准。

截至 2018 年底，全市已有 149 家社区卫生服务中心完成 EHR 评级，其中六级 3 家、五级 61 家、四级 85 家。由于杨浦区社区卫生服务中心的信息系统自 2012 年统一建设后，没有再进行相应升级改造，对标 EHR 评级标准发现有很多关键项缺失，自评结果仅有 1～2 级水平，无法达到市里要求，所以，通过率为 0。在上海市以家庭医生制度为核心的社区卫生服务综合试点评价体系中，EHR 评级分数占满分 100 分中的 5 分，杨浦区 12 家社区卫生服务中心 EHR 评级得分均为 0 分，导致杨浦区社区卫生服务中心在全市 243 家社区卫生服务中心中排名均位于200名以后。

EHR评级重要性：

1. 电子健康档案（Electronic Healthcare Records，EHR）是以个人健康、保健和治疗为中心的数字记录。EHR跨越不同的机构和系统在不同的信息提供者和使用者之间实现医疗信息交换和共享，这是实现整合医疗卫生资源、推动“三医”联动改革、构建分级诊疗制度等医药卫生体制改革目标的重要平台。

2. 根据中共上海市委组织部、上海市年度（绩效）考核工作领导小组印发的《关于印发〈2018年度市管党政领导班子绩效考核工作实施方案〉的通知》（沪委组〔2018〕发字26号）文件要求，各区党政领导班子绩效考核评价表中的“基础履职工作指标”中，明确将“社区卫生综合改革签约”纳入社会建设中教育卫生板块的考核内容。此项考核得分依据源自社区卫生服务综合试点评价体系。

杨浦区EHR建设现状：

1. 目前，杨浦区开展了区域卫生信息化建设一、二期工程，针对社区卫生服务中心，一期主要替换软件公司，二期重点打造区域卫生信息平台，目的是实现市、区平台互联共享（目前情况是：市、区仅在家庭医生“1+1+1”签约工作中的延伸处方环节实现了互联互通，其他如健康档案和诊疗、检查数据尚未互通）。平台建设目的是为了实现数据的共享和利用。目前，面临的问题是：在这平台上互联共享数据的提取、采集和分析未实现自动化，还需要人工统计、手工填入。做个恰当比喻：就是高速路已经建成，但还没有足够多的匝道让来自四面八方的汽车驶上高速路，即使汽车上了高速路，也无法实现实时监控、统计和分析。这本身就影响社区卫生服务综合试点评价的科学性和准确性。此外，预算管理和绩效考核模块是社区综改精细化管理的核心内容，目前，杨浦区12家社区卫生服务中心均缺失该信息模块。部分数据还需要我们医生重复录入，降低工作效率并容易出现误操作。

2. 杨浦区自2016年开始着手推进江浦和长白两家社区卫生服务中心首批参与社区卫生服务综合改革，2017年其他社区卫生服务中心也参与本次社区卫生服务综合改革，但信息化支撑进展缓慢，究其原因主要受制于以下几方面：一是社区现有软硬件系统陈旧，自从2012年区域卫生信息一期项目后再无统一的升级改造，硬件设备陈旧，核心设备均已使用6年以上，严重制约了业务开展和系统安全稳定；二是对照最新标准，社区卫生服务中心信息系统有部分子模块缺失，信息系统采集的信息颗粒度太粗，各应用子系统间互联互通程度较差，无法完全做到数据共享和互联互通，距离国家基本公共卫生服务规范要求相差甚远；三是其他区的社区卫生服务中心信息化建设起步早，投入大，进步快，评价等级高（例如：徐汇、闵行、嘉定、宝山等），都已满足市级水准，相比之下，杨浦现在建设水平已居全市之末。

对此，提出以下建议：

建议区电子政务联席会议、区发改委、区财政局、区卫计委在2019年信息化预算项目的基础上，增设专项资金，作为杨浦区社区卫生服务综合改革专项配套项目，用于杨浦区社区卫生服务中心电子健康档案应用水平等级建设，采用统一规划、统一标准、统一采购、分头实施的原则，最终促使杨浦区12家社区卫生服务中心均能达到EHR评级五级标准，从而全面提升杨浦区社区卫生服务中心信息化整体水平。

领导点评：

这是一份极具政协特色的集体提案，以全会小组为单位，关注本系统、本行业的急难愁问题，通过集中集体的智慧，以理性的诉求表达，发出界别声音，反映界别意见。提案充分体现出了集体提案的特点，目光聚焦于本界别的专业领域，切实发挥了熟悉了解情况的优势，在深入细致的调查研究基础上，用翔实的资料和数据说明现状，用明确具体的案例指出问题，并切合实际直接简明地提出要求和建议，具有很强的针对性和代表性，对于促进相关工作的完善提升、推动多部门力量的整合支撑发挥了十分积极的作用。

（点评者：杨浦区政协秘书长徐进）

专家点评：

此提案从全面提升本区社区卫生服务信息化整体水平的视角出发，找出薄弱环节，特别指出共享数据提取采集分析未实现自动化，还需人工统计、手工填入；信息化系统、软硬件系统陈旧，无法完全达到数据共享和互联互通，整体建设水平居全市之末，说明这项工作的重要性和紧迫性。如果能够适当减少分析篇幅，进一步细化建议部分，如顶层设计上，可采取走出去请进来，学习先进经验，找差距定目标；树立超前意识，结合本区实际列入智慧城市建设，利用大数据手段等，信息系统按标准配置电子健康档案；人才培养上，维护人员和开发人员招聘和培训相结合等，促进本区社会卫生服务软硬件建设上台阶，进而惠及百姓等，那这篇提案的内容将更加饱满。

（点评者：原上海市政协提案委员会专职副主任朱钢）

关于增加腾越路平定路照明设施方便市民进出滨江的建议

提案编号： D012
提 案 者： 倪阳晨
提交时间： 2020 年 1 月区政协十四届四次会议期间

杨浦滨江岸线总长约 15.5 公里。2017 年 10 月，位于杨浦大桥以西至秦皇岛路码头的沿江约 2.8 公里岸线实现贯通。2019 年 9 月 28 日，杨浦滨江南段大桥以东 2.7 公里公共空间也向广大市民开放，由此杨浦的南段滨江 5.5 公里全部打通，“世界仅存最大的滨江工业带”重新焕发光彩。

杨浦滨江从建设之初腾地到规划设计，再到后来建设，都是花大力气、大投入、大心血完成的。建成后确实给周边百姓带来了实惠，成了市民们休闲、散步、娱乐的好地方。尤其是 2019 年 11 月 2 日，习近平总书记在上海考察时来到杨浦滨江，对杨浦区科学改造滨江空间、打造群众公共休闲活动场所的做法表示肯定。在这之后全市乃至全国各地的人们都前来参观游玩，现在的杨浦滨江已经成为我区一张亮丽的名片，成了网红打卡地。

市民们前往滨江观光休闲，必须通过滨江连接杨树浦路的一些支路或者沿途的一些老厂区。经过实地走访发现，杨浦大桥以西大多数支路都已经建设得比较完善，人行道、路灯照明等设施配备得较为齐全，但在杨浦大桥往东至国际时尚中心这一段的几条支马路还存在着一些问题。

由于国际时尚中心是 4A 级旅游景区，景区出于安保原因，上午 9:00 前、晚上 9:30 后是闭园的。由于这样的原因，早上 9:00 前、晚上 9:30 以后，附近想要进出滨江的市民必须从旁边的腾越路或者平定路穿越。经过我多次实地察看，发现这两条马路上没有任何的灯光照明设施，晚上这些路段处于伸手不见五指状态，人行道也是高低起伏崎岖不平。加上马路两边存在着多个停车场和新能源汽车的充电场，来往车辆也是较为频繁，这样一来给过往行人带来了很大的安全隐患。

因此建议在这两条马路上增加简易的照明设施，提高能见度，方便来往该路段的市民们通行。腾越路从杨树浦路至滨江段大概长度 200 米左右，在道路两侧加装 4～5 盏路灯就能将整条道路覆盖。平定路从杨树浦路至滨江段长度大概在 400 米左右，在道路两侧加装 6～8 盏路灯也能解决整条道路的照明问题。这样一来就能解决晚上 9:30 以后市民进出滨江不便的问题，提升群众对政府为民办实事的获得感和感受度。

杨浦滨江已经建设成为国际一流的滨水空间，并且正在努力打造成“世界的会客厅”。通往“世界会客厅”的道路一定要让市民走得放心、走得开心。这也是贯彻落实习近平总书记“人民城市人民建，人民城市为人民”讲话精神的举措之一。

专家点评：

本提案通过解决一条马路的路灯设施来体现政府为民做实事，落实“人民城市人民建，人民城市为人民”的精神，有其特点：1. 运用解决问题类提案促进一件实事工程的落地；2. 提案者深入第一线，身临其境，用“没有任何灯光、伸手不见五指”来表达紧迫感；3. 利用数据结合实际，提出可操作性的建议，利于政府部门采纳建议，改善马路灯光照明，促进城市精细化管理，体现这座城市的温度。整篇提案有情况、有分析、有建议，直面问题，简洁明了，是一篇质量较高的提案。

（点评者：原上海市政协提案委员会专职副主任朱钢）

承办单位点评：

因腾越路和平定路后续都将结合道路建设设置合杆路灯，在道路尚未进行建设前，并未采取相应夜间照明措施，市民百姓在夜间进出滨江确实存在安全隐患，为此，滨江公司迅速制定临时照明方案以及与市、区相关部门积极沟通协调，最终完成了临时路灯建设。倪阳晨委员提出的问题无疑给滨江的建设敲响了安全警钟，引起了后续思考，即在滨江建设期间应统筹考虑公共空间全周期的建设与管理，确保滨江在全周期内不仅为市民百姓提供休憩放松的公共空间，更要为市民百姓提供安全可靠的公共空间。

（点评者：上海市杨浦滨江综合开发管理指挥部办公室）

关于控制我区学生近视率不断攀升的建议

提案编号：D022

提 案 者：台盟杨浦区委

提交时间：2020 年 1 月区政协十四届四次会议期间

目前我国的近视患者有 6 个亿，而青少年的近视率居世界第一，高中生和大学生的近视率均已超过七成并逐年上升，小学生的近视率已接近一半，青少年学生近视率的不断攀升和近视的低龄化问题越来越成为一种普遍的社会现象，已经成为影响我国国民健康的首要问题之一，也成为家长、学校老师和社会关注的大问题。

一、近视率攀升的诱因

近视的成因分为先天因素和环境因素，除了遗传基因外，学生的课内外负担过重，手机、电视、游戏机等电子产品的过度使用，以及缺少校外室外体育活动等后天环境因素都是造成近视发生的重要原因。《中国义务教育质量监测报告》数据显示，户外锻炼不达标、学习负担过重以及睡眠不足等现象依旧普遍存在于中小学生的日常生活中，且随着年级越高，这种现象越严重。

中央文件规定，中小学生要保证每天锻炼一小时。但据一校长说：实际现状是由于课时安排、师资队伍、场地建设以及应付考试等原因，锻炼一小时很难完全落实。

二、杨浦区中小学生近视现状

为了解杨浦区小学生视力状况，为小学生的近视防治工作提供依据和对策，区教育局曾以学校为单位，采取随机整群抽样的方法，抽取 9 所小学一至五年级的学生共 5 752 人次进行裸眼视力检查，并对检查数据进行分析。调查的小学生视力不良率依次为 46.91%、48.69%、48.97%、49.37%、53.30%，小学生的视力不良率随着年级的升高而呈增高趋势。男生、女生视力情况分析结果显示：男生视力不良率介于 44.92%～50.83%之间，女生的视力不良率介于 49.07%～55.95%之间，女生的视力不良率普遍高于男生。

我区一位在教育岗位工作的市人大代表曾对学生的近视情况做过调研，在抽样中有近六成中小学生近视。她对杨浦区内的 11 所小学、9 所中学、5 所高中进行了抽样问卷调查发现，由于中小学生课业负担过重，参加有效体育活动的时间不够，认真做眼保健操的自律性不强，加上平时专注浏览电视、手机、游戏机的时间过长等原因，导致所调研的 11 所小学 8 297 名学生中，有近视的学生为 3 489 人，占比达 42.05%；9 所初中 4 368 名学生中，有近视的学生 2 931人，占比达 67.1%；5 所高中 3 948 名学生中，有近视的学生 3 315 人，占比达 83.97%。如果按照 16 613 名中小学生总人数计算，有近视学生 9 735 人，占比高达 58.60%。

三、对控制我区学生近视率的建议

2018 年 8 月，教育部、国家卫生健康委员会等八部门制定的《综合防控儿童青少年近视实施方案》公布，到 2030 年，实现儿童青少年新发近视率明显下降，视力健康整体水平显著提升；6 岁儿童近视率控制在 3%左右，小学生近视率下降到 38%以下，初中生近视率下降到 60%以下，高中生近视率下降到 70%以下，学生体质健康标准达标优秀率达到 25%以上。同时，将儿童青少年近视防控工作、总体近视率和体质健康状况纳入政府绩效考核指标，对儿童青少年体质健康水平连续三年下降的地方政府和学校依法依规予以问责。为此建议：

1. 不折不扣执行 2008 年教育部颁布的《中小学生近视眼防控工作方案》，切实改善中小学教室采光与照明、课桌椅配置等教学条件，确保学生必须每天室外体育锻炼一小时、做好眼保健操等措施。

2. 加强视力保健科普教育。建议以社区为中心、家庭为单位，组织家长和孩子共同参加预防近视的知识辅导报告；发放有关预防近视的科普知识读本、电子资料。宣传并落实家庭中与儿童视力健康相关的硬件设施，如学习光源、书桌、椅子等配置要求；及时注意孩子的用眼卫生，规范孩子学习时的标准坐姿，全方位提高家庭对于预防近视的认知度和执行力。

3. 实现真正意义上的学习减负。减少儿童课外补习时间，每天增加学生50～80分钟的户外活动时间。

4. 控制学生电子产品的使用时间：单次不宜超过15分钟，每天累计不宜超过1小时，教育孩子科学用眼卫生。

5. 前期筛查不可忽视。在《2007年上海市学龄儿童近视检测与干预项目》实事项目基础上，从简单地进行校内近视筛选—医院转诊方法上，建立孩子的视力屈光发育档案和跟踪服务体系。尽快在杨浦区各校为每一个学生建立屈光发育档案，及时掌握孩子视力屈光的实时发展情况，对症下药有效预防。

专家点评：

该提案就保护学生视力的必要性和重要性提出建议，是一篇情况明、分析深、建议实的好提案。可圈之处：1. 符合撰写提案的规范要求，层次清晰。2. 经过深入调研而获得的第一手资料，具有相当说服力；3. 运用大量的数据比较阐述控制学生近视率不断攀升的紧迫性；4. 提出学校、教师、家庭三方面各司其职的建议措施，尤其是指出全方位提高家庭预防的认知度和执行力，值得学习和借鉴。

（点评者：原上海市政协提案委员会专职副主任朱钢）

承办单位点评：

近年来，由于中小学生课内外负担重、长时间使用手机电脑等电子产品、用眼不卫生、缺乏体育锻炼等因素，儿童青少年近视率攀升。台盟杨浦区委关注到这一问题，所提的提案非常切合实际。我局把该提案提升到学校重点工作里，保证学校教室照明卫生标准达标率达到100%；要求学校根据学生情况，至少每月一次调整学生座位，每学期对课桌椅高度进行个性化调整；严格组织全体学生每天上下午各做一次眼保健操，增加户外课外活动和体育活动时间，落实“减负增效”；明确使用电子产品开展教学时长原则上不超过教学总时长的30%；我们还对接区卫健委和区眼防所等专业力量，定期宣传、监测，帮助家长做到儿童近视早发现、早诊断、早矫正。

（点评者：杨浦区教育局）

关于建立护理站与社区卫生服务中心联动机制提升长期护理服务专业化水平的建议

提案编号：D041

提 案 者：农工党杨浦区委

提交时间：2020 年 1 月区政协十四届四次会议期间

一、提出背景

长护险为失能老人提供了长期护理服务保障。长期护理服务逐渐从“有”到“优”过渡，着眼于提质求精。杨浦区每年长期护理服务 20 余万人次，其中 70%～80%为居家照护。对多数居家的失能老人而言，医护康养整合服务是不可分割的，医疗护理专业化服务需求更为突出。护理站是提供居家照护服务的专门机构，护理站定位为医疗机构，实质上是提供延伸至家庭的医疗护理专业化服务。长期护理服务质量主要体现在护理站的专业化服务水平上。

二、问题与分析

1. 护理站服务的专业化不够、专业护理服务供给不足

调研发现，护理站居家照护专业护理服务不足 5%，明显存在“三化”问题，即专业服务家政化、照护等级服务趋同化、护理计划空虚化；与护理站医疗护理型服务的功能定位有差距，与居家照护服务需求有差距。

护理站是近几年老龄化背景下的新兴服务行业，采用市场化运作机制，我区目前有 11 家护理站，均是社会资本建设的营利性机构。受运营成本限制，出于盈利考虑，平均规模 50 人左右。护理站整体的专业化服务能力和水平不

高，主要原因：一是医护资源欠缺，专业人力和能力均不足。执业护士不足10%，学历资历专业能力偏薄弱，主要从事管理和护理计划制订工作，基本上不从事上门专业服务；护理站没有能力配备执业医师、康复治疗师，居家必要的医疗、康复服务无法提供，专业护理缺乏医嘱指导，医疗、医嘱、护理断裂。二是护理员成为长期护理服务主体，包办了专业护理与一般照护服务，护理员队伍多数是家政出身，素质偏低，职业化水平低，专业技能不足。

2. 与社区卫生服务中心等医疗机构缺少联动机制

对接长期护理需求，需要形成医护康养资源整合式服务供给模式。护理站作为服务主体，目前最大短板是医护资源欠缺，专业能力不足，需要依托医疗机构优质资源弥补，提供医疗、康复、人力、专业技能、培训指导支撑。

护理站虽然属于医疗机构，却自成体系，游离在医疗体系之外，缺少医疗机构的辐射和带动。目前没有与医疗机构实施资源整合与共享对接长期护理服务，没有形成联动机制，未建立合作关系，难以形成医疗、医嘱、护理的连贯服务。医疗在联动中也面临居家执业地点、医嘱处方合法性等医政法规政策的协同性问题。

三、对策建议

1. 明确定位，理顺关系，发挥医疗机构对护理站辐射带动作用

老年医疗护理服务是养老服务体系的重要组成部分，《上海市老年医疗护理服务体系发展“十三五”规划》中明确，社区卫生服务中心、老年护理院、护理站共同组成了相互连贯有机整合的服务体系，其中社区卫生服务中心是平台支撑，护理站是居家托底。要充分发挥医疗护理服务体系内部的联动效应。发挥社区卫生服务中心等医疗机构对护理站的辐射带动作用，提供医疗康复、专业技能、培训指导等技术支撑。

2. 建立护理站与社区卫生服务中心紧密协作机制

发挥政府主导作用，探索建立护理站与社区卫生服务中心紧密协作机制，卫生中心与所在街道护理站开展全覆盖的签约合作。比如长宁区在建立紧密协作机制方面进行了成功的探索和实践，值得借鉴。一是护理站可共享社区卫生服务中心护理人力资源，社区卫生服务中心护士可利用闲暇时间提供护理站上门专业服务，解决了护理站护士人力不足问题；二是社区卫生服务中心为护理站居家专业护理提供专业培训、技术指导、会诊支持。三是护理站居家专科护理需要社区卫生服务中心医师开具医嘱，居家老人有医疗需求，在签约合作的框架下，医政法规政策上要认定家庭医生居家执业、医嘱及处方的合法

性，打通居家护理的医疗、医嘱、护理连贯性服务渠道，家庭医生可上门服务。四是建立促进协作的激励机制，关键是通过绩效激励提高医护人员服务的积极性，区内出台相关政策明确医护人员上门服务的收入不列入单位的绩效平台额度限制，打破绩效工资瓶颈。另外鼓励护理站专业团队融入全科医生团队。

3. 开展区域老年专科护理规范化培训项目，推进“医院—社区—家庭”全程护理

调动全区三级医院、二级医院、社区卫生服务中心优质护理资源，以老年专科护理基地、实训基地，老年专科护理特色项目为建设落脚点，面向包括护理站在内的全区老年护理专业人员，开展老年护理、老年慢性病专科护理、舒缓疗护、卒中康复专科护理等专科规培，培养同质化的老年专科护理队伍，提升居家专业护理水平。

探索护理站融入“互联网＋护理”的网约护士平台，鼓励信息化技术应用融入“互联网＋护理”，平台对接需求，利用医疗机构的闲暇护理资源提供护理站上门专科服务，弥补护理站护士人力及专业能力和水平不足。支持社区卫生服务中心与护理站之间实现信息共享，动态互通。利用互联网、物联网、App技术提供护理看护、康复照料、远程护理会诊等应用。

专家点评：

随着我国人口老龄化程度加深，实现医疗、护理、康复、养老的交叉融合日益受到社会各界的关注。农工党充分发挥以医药卫生为主的界别优势，持续关注这一社会热点问题。提案着眼于长期护理服务，不断提质求精，从明确定位、理顺关系、资源共享、绩效激励等方面，对推进护理站与社区卫生服务中心联动、提升长期护理服务专业化水平提出了具有很高专业水准的意见建议。提案选题时注重与党政工作合拍、与改善民生合拍、与自身优势合拍，既契合大局、顺应民意，又充分发挥自身的专业特长和优势，可以使所提建议更具针对性可行性，收到事半功倍的效果。

（点评者：原杨浦区政协提案委员会主任周卫良）

承办单位点评：

该提案提出的建议具有高度的可行性，契合当下长期护理服务方面存在的问题，对改变专业服务家政化的现状，促进长期护理服务从“有”到“优”的转

变起到了有效助推作用。结合提案的内容，区卫生健康委建立了社区卫生服务中心与护理站的合作模式，形成联动机制，为护理站居家护理提供专业培训、技术指导，以见习、带教、知识讲座、远程指导等方式提高护理员的职业化水平和服务能力，真正达到设置护理站医疗护理型服务的功能定位。另一方面，对于在社区卫生服务中心治疗后，病情平稳，以生活照护为主的病人，经长护险评估后，由护理站接收，保证了患者得到连续的护理服务。目前借鉴社区卫生服务中心与护理站的合作机制，杨浦区各社区卫生服务中心与区域内养老机构的签约服务机制日渐成熟，12 家社区卫生服务中心和区内养老机构、日间老人照料中心等全都实现“医养结合”签约服务 100%。

（点评者：杨浦区卫生健康委员会）

关于打响杨浦“法律服务”品牌的建议

提案编号：D050
提 案 者：区政协社会和法制委员会
提交时间：2020 年 1 月区政协十四届四次会议期间

法律服务既是国家治理的重要工具，也是重要的营商环境和发展保障，更是上海城市的品质和打响“上海服务”品牌的重要元素。基于这样的认识，区政协社法委 2019 年完成了年度调研课题“杨浦区法律服务的实践探索、瓶颈约束和深化路径的研究”报告。根据调研报告内容和杨浦政法战线面临的特殊形势，专委会以提案方式建议区委政法委和依法治区委员会，积极统揽和协调推进杨浦法律服务业发展。

一、加强顶层设计

把法律服务科学细分为公共法律服务、公益法律服务、市场法律服务，采取差别化措施纳入本地区国民经济和社会发展总体规划，纳入经济社会发展综合考核体系，列入为民办实事项目推进。要围绕社区健全公共法律服务体系、园区建立知识产权保护体系、基层法人单位建立法律顾问工作制度、队伍重点打造以执法队伍和律师为抓手的专业服务队伍四个层面，制定推动法律服务业发展的专项发展规划和具体实施意见以及有相关配套政策。

二、推动法人单位全覆盖

要以法人单位为主体推动法律服务在各微观领域广覆盖，构建全社会都能够知法用法的良好习惯和风气。进一步明确党政主要负责人作为法治建设第一责任人的职责，鼓励和倡导党政机关各部门聘请法律顾问，鼓励和支持社区、园区以及企事业单位等法人主体聘请常年法律顾问，各群团等社会组织建立专门法律服务援助项目，聘请工作团队，鼓励和倡导各执法机构和法律从业人员面向社会服务经济和基层社会治理，帮助基层运用法治思维和法治手段推动发展和内部治理。

三、加强政策扶持

要大力发展以法律专门人才为主体的法律服务社会组织，鼓励和支持社会力量通过投资或捐助设施设备、资助项目、赞助活动、提供产品和服务等方式参与公共法律服务体系建设。要完善法律服务政府采购，对保基本的法律服务事项纳入政府采购目录，逐年加强对特殊群体的法律服务供给，制定政策鼓励和支持专业法律服务机构进社区和科技园区建立分支机构及参与政府购买服务。适时出台杨浦律师行业发展专项扶持政策和发展规划，实施加快律师行业发展壮大升级工程，提升专业服务业能级。

四、打造特色品牌

要充分发挥“知识产权保护共同体”平台机制作用，每年确定一个重点定期筛选个性问题，坚持问题导向，合力破解遇到的盲区问题，努力探索在知识产权的创造、运用、保护和管理的全链条每一环的法治保障，逐步积累走出有杨浦创新特色和话语属性的知识产权仲裁之路，构筑有法治支撑和强有力保障的科技创新策源高地。

专家点评：

本提案就法律服务业在本地区发展建言献策，是以调研报告为基础，结合区情改写的一份提案。由调研报告转化为提案是提案者采取的较为通用的方法和途径，以运用提案更好地落实调研报告所阐述的建议。但从提案和调研报告两个载体来说，仍有上升空间。突出一点是，如能将调研报告中本区法律服务的实践探索、瓶颈约束和深化路径三方面内容一一对应来造就提案，那本提案将是一篇区情明、调研深、建议实的质量更高的提案。

（点评者：原上海市政协提案委员会专职副主任朱钢）

提案者自评：

为提升杨浦营商环境和发展的法律服务水平，构建广覆盖高能级法律服务体系，打响“上海服务”品牌，为杨浦“三区一基地”建设助力添彩。区政协社会和法制委员会充分挖掘和整合利用多方资源和人才，组织联合专委会法学专家、知名律师、基层社工等一线实践工作者和相关职能管理部门力量，在2019年4—8月期间开展了系统全面的专题调研，通过召开专题研究咨询和座谈论证会、基层访谈、外出学习考察等形式，并立足上海和杨浦实际，以更高远的站位和视角、更前瞻性的思考和谋划，提出了相应的对策和建议，形成了《加快构建广覆盖高能级法律服务体系，把法律服务作为打响上海服务品牌的重要支点》调研报告，供有关部门参考。在调研报告的基础上，针对杨浦实际，经过进一步提炼和加工，形成了《关于打响杨浦"法律服务"品牌的建议》这篇提案提交相关部门。

关于深入开展学习“改革先锋”暨“人民教育家”于漪同志活动的建议

提案编号： D056

提 案 者： 民进杨浦区委

提交时间： 2020 年 1 月区政协十四届四次会议期间

一、背景情况

杨浦作为拥有“百年工业文明”“百年市政文明”“百年大学文明”悠久文化底蕴及优质教育资源集聚区，现正处于加快经济发展战略转型和创建全国文明城区关键时期。因此，有必要认真盘点梳理、仔细研究规划，确立打造自身合宜的文化知识品牌，使之成为聚集人气、催人奋进，促进区域社会经济可持续发展的一个重要载体。

于漪老师作为教育界的楷模，被授予“改革先锋”暨“人民教育家”国家荣誉称号。因此，我们认为通过整合资源，深入开展学习于漪先进事迹一系列活动，牢牢树立在平凡的教育岗位上，始终不忘初心，一身正气，兢兢业业做一名好党员、好教师、好市民的于漪精神品牌，必将给杨浦社会发展和经济建设积蓄强大的精神力量。

二、相关建议

1. 组成一支宣讲团

一身正气、为人师表、一身清白、通身光明，这 16 个字，既是国家级“改革先锋”暨“人民教育家”党员教师于漪一身崇尚的格言，也是她近 70 年来，做教师兢兢业业、当校长改革创新的真实写照。建议由区委组织部、宣传部牵头，教育局配合，组成一支由于漪老师带教过的徒弟、培养过的学生、身边的亲属、生活周围的邻居等人员为代表的宣讲队伍，将他们耳闻目睹于漪老师在近70年工作学习生活中热爱党、热爱教育、热爱学生、热爱生活的真实案例，汇集成一个个生动典型的精彩故事。让宣讲团深入到全区党政机关、街道、大中小学校、各级医院系统中宣讲，从而进一步激发起全区广大党员干部、教师、医生及百万杨浦市民向“改革先锋”暨“人民教育家”于漪老师学习，坚定崇高的理想信念，同心协力朝着争创人民满意的机关、争创人民满意的学校、争创人民满意的医院、争创人民满意的全国文明城区目标不懈努力。

2. 拍摄一部纪录片

运用现代化科技多媒体手段，客观、真实地记录“改革先锋”暨“人民教育家”于漪老师近70年光辉的从教生涯，是大力弘扬传承国家级楷模人物先进事迹必不可少的宣传途径。建议由区委组织部、宣传部牵头，组成一支编剧、作曲家、导演队伍，尽快集思广益拍摄成一部纪录片。实录从20世纪50年代初，于漪从一个胸怀教育强国之梦想的复旦大学优秀青年才女，到加入杨浦区域中学普通的教师行列；从一名兢兢业业的“孩儿王”班主任，逐渐成长为一名深受广大师生和家长崇敬的名牌高中校长；从一名每晚认真钻研理论、撰写备课教案及教学反思笔记的青年教师，日益成长为一名始终坚持中华民族文化自信教诲孩子、始终坚守教育岗位提携青年后生、始终富有教育改革创新思想，撰写出版了几百万字教育改革书籍及教育实践创新成果的国家级“改革先锋”暨“人民教育家”所一步步走过的艰辛之路。

3. 编撰一套研修书

编撰真实记录于漪老师近70年教书育人光辉奋斗历程的书籍，是组织、宣教职能部门及文字工作者义不容辞的职责。建议由区委组织部、宣传部牵头，教育局配合，组成一支作家、散文家、诗人、教育专家队伍，深入到于漪老师共事过的学校同事、带教过的徒弟、培养过的学生及家长、生活在一起的亲属和小区周围的邻居之中去挖掘素材、提炼素材，尽快编撰出版一本能深刻反映国家级“改革先锋”暨“人民教育家”党员教师于漪从教近70年来，始终坚持社会主义制度和文化自信、始终坚守爱岗敬业、始终践行教书育人、始终坚持改革创新硕果累累的纪实书籍。这一方面能为培养广大中青年教师牢固树立教书育人为本的正确思想和不断提升教育教学能力水平指明路径；另一方面，作为享有中小学基础教育优质资源集聚区的杨浦，让“人民教育家”暨优秀共产党员于漪老师教育教学研修课程系列书籍，通过近日成立的“长三角中小学党建联盟平台”宣传，必将受到长三角地区广大教育工作者的热烈欢迎，这也是新时代正在倾力打造创新杨浦对落实长三角一体化发展国家战略的一份贡献。

4. 建造一座风采馆

建议在国顺东路黄兴公园大门旁的上海院士风采馆附近，建造一座上海教育家风采馆，用于展示于漪老师的先进事迹。宣讲团可在馆内宣讲，纪录片可在馆内为参观者播放，风采馆还兼有“于漪教育研究中心”的功能，馆内除了存放于漪老师的著作，还可存放研习者的资料，上述讲到的研修书也可存放在馆内供参观者学习；风采馆还兼有“于漪教育培训中心”的功能，可面向全国招生，对各省市的先进教师进行培训，上述“研修书”可作为课程资源；风采馆还兼有“优质课展示活动中心”的功能，邀请全国知名教师在馆内讲课，排好一年的排片表，供全国各地教师选听。人气聚集，可能还会带动杨浦的经济发展。

专家点评：

这是一件把局部和全局、眼前和长远结合得很好的提案。说局部，因为作为以教育文化界为主的党派，功勋教师于漪的事迹可以说是发生在身边的事；说全局，因为于漪获得国家荣誉称号是整个杨浦的骄傲，学习宣传于漪的事迹也不仅是教育界的事，更是全区上下的事。说眼前，因为提案撰写在于漪荣获国家荣誉称号之际；说长远，因为宣传弘扬英雄模范的精神，对于全社会形成正确的人生观、价值观和世界观，具有长远而深刻的意义。提案选题很好、立意很高。提案选题立意要高，尤其要注意兼顾宏观与微观、局部与全局、眼前与长远，善于把所涉工作放到更大范围、更宽领域中去考量、去研究，放到发展全局、发展大局中去定位、去谋划。唯有这样，提案才能有高度、有深度，有质量、有见地。

（点评者：原杨浦区政协提案委员会主任周卫良）

承办单位点评：

于漪老师一辈子坚守教育事业，始终坚持“为党育人，为国育才”的初心使命，是真正的师者楷模。该提案对于全面深化新时代杨浦教师队伍建设改革，加强杨浦区师德师风建设，打造一支高素质的杨浦教师队伍具有积极的推动作用。区教育局对这份提案高度重视，加快推动于漪教育教学思想研究中心的落地建设。2020 年 9 月 5 日，于漪教育教学思想研究中心揭牌仪式在杨浦高级中学隆重举行，教育部教师工作司，市教卫工作党委、市教委，区委、区政府，签署三方共建合作协议，深入挖掘于漪教育教学先进思想的价值，引导广大教师在岗位上坚定理想信念，在行动中践行初心担当。

（点评者：杨浦区教育局）

关于在养老助餐服务中引入大数据反馈信息系统的建议

提案编号：D081

提 案 者：杨浦区台联会

提交时间：2020 年 1 月区政协十四届四次会议期间

当前，杨浦区养老服务事业正在持续健康发展，包括养老床位、日间服务、养老助餐等工作都快速推进、卓有成效，给区内百姓群众带来了实实在在的好处。在社区养老助餐领域，以“睦邻小厨”为样板的各类社区助餐服务也批次铺开，切实解决了百姓日常生活中很大一块后顾之忧。在肯定成绩的同时，也有一些地方值得加以改进，具体问题如下。

第一，由于目前整体资源有限，我区不同地方的养老助餐服务是分包给不同的餐饮单位进行的，这样就给整体的质量管理和监督带来一些困难。不同地方的餐饮质量以及政府部门的监管力度频度难免有所不同，餐饮质量有时高时低的不稳定现象。

第二，当前养老助餐服务工作中的群众意见反馈机制仍是一个较为薄弱的环节，尚未存在一个专业的、系统化的、全覆盖的意见收集系统。对群众意见的收集主要还是依赖有关方面临时发起的、较传统的手工工作方式，且意见收集周期间隔也较长。

第三，助餐项目的社会效益尚未充分发挥出来。政府部门所做工作的很大一个目标在于提升人民群众的满意度和获得感，但由于受助群众和政府部门的联系沟通不够密切，很容易使这一为民服务项目就停留在“我提供服务，你有地方就餐”的纯事务性工作的层面，使大家的关注焦点只落在“今天菜好不好，供应商有没有敷衍，政府到底行不行”这些问题，而没有很好地发挥出拉近和群众距离、充分激发群众主体参与性的良好溢出效应。

针对上述问题，且考虑到当前社会已经具备的技术可行条件，我们建议在养老助餐服务工作中可以考虑开发一个全区统一的群众意见沟通反馈大数据信息系统。通过允许群众及时反馈养老助餐工作中的评价意见，加强和群众的日常互动，从而打通养老助餐服务的神经末梢，使之成为城市精细化管理的又一创新亮点。

对于该大数据反馈信息系统的具体建设目标，有以下一些建议：

一、在区一级层面开发统一的大数据意见收集信息平台，从而有利于统一监管和提供灵活一致的服务。

二、该平台主要依赖于手机等移动终端作为信息采集设施，可考虑通过微信公众号或专有 App 等不同的前端形式和群众连接，接入一个共同的后台系统，以方便不同群众使用习惯，并更容易看到该系统的推送信息。

三、系统可以针对每天每餐主动推送意见评价请求给用户(类似支付宝的商家意见弹出评价功能)，对菜品是否按计划提供、菜品质量评价等意见信息进行收集。(注：通过将群众的移动终端预先注册关联到指定小区或指定助餐供应商，系统就可以将该供应商每周提供的菜单清单，推送给对应的用户。)

四、系统还可以提供 24 小时随时的开放性意见反馈和合理化建议功能，方便群众能随时随地把所想到的意见建议提交到后台。

五、为方便老年人使用，意见反馈可以设计为多种输入形式。既可以是键盘输入，也可允许以语音形式提交。(另外可以考虑在各种功能操作的提示上也使用友好的语音提示。)

六、系统可以通过定期开放功能或者不定期发起主动咨询，请群众对喜欢的菜品进行特别表扬投票，或者就未来某段时期群众最希望有的菜品进行意见征集，以便了解群众的菜单偏好。

七、为了鼓励群众和政府部门的互动，可以对使用系统采取积分机制。对于使用各项功能，或者提供合理化建议的群众，可以将积分转化为新的福利。

八、在助餐基础服务功能的基础上，未来可以扩大系统的工作范围，比如适当增加推送一些正规的保健知识信息、老年防骗警务信息、曲艺娱乐节目信息、涉老公益服务活动通知等，使得该系统具有更大的价值和吸引力。

九、对于无法使用手机等移动电子终端的群众，也仍然保留在助餐点设置意见箱、提供意见表，使他们也能使用传统的纸面形式提交意见。

十、系统应配备经常性的后台支持人员，及时对收集的意见信息进行归类总结。对每份群众意见应至少给予一个自动答复，如“您的意见已经收到”。而对于较好的意见建议，最好还能允许手工回复鼓励给相应的群众。

专家点评：

该提案旨在运用（引入）大数据反馈信息系统提升养老助餐服务水平，使人民群众真正增强满意度和幸福感，是一件围绕解决老百姓养老生活中最迫切且有实际意义大事的提案。提案从餐饮质量把控、反馈机制薄弱、被动接受服务等存在的问题着手，特别提及为老助餐点停留在“我提供服务，你就有地方就餐”，一针见血，并从智慧城市理念出发，植入城市大脑子系统，构建大数据反馈信息系统，提出的十条整体系统构架，包含信息系统的顶层框架目标、设施设计、功能定位、层次类别、功能拓展、便民利民、人员配置等，都具有相当的参考价值，是一件质量较高的提案。

（点评者：原上海市政协提案委员会专职副主任朱钢）

承办单位点评：

区台胞台属联谊会在该提案中指出的有关在养老助餐服务中引入大数据反馈信息系统等问题，对我区提升养老助餐服务水平具有较大的参考价值及现实意义。区民政局结合目前工作开展情况和下一步计划打算，提出了三项答复意见：一是通过和银联合作，开发助餐管理系统，实现数据统计、结算、管理的信息化，从而全面提升杨浦老年人助餐服务质量；二是在继续完善助餐系统功能基础上，逐步建立养老助餐服务中群众意见反馈信息化渠道；三是以大数据平台为依托，在信息端提供助餐点等信息查询的基础上，通过收集助餐服务的反馈意见，打通养老助餐服务的神经末梢，使服务更加精细化。下一步，我局将进一步运用大数据信息系统，不断提升养老服务的精准化和高效化。

（点评者：杨浦区民政局）

关于关爱本区抗疫一线医护人员子女的建议

提案编号：D157

提 案 者：王玮

提交时间：2020 年 2 月

目前全国人民抗击“新冠病毒”战斗正激烈开展。广大医务工作者担当了最大的责任，冒着被感染的风险，在前方辛苦奋战，可歌可泣。面对这种形势，广大教育工作者也应该有所作为。

往往战斗在一线的医护人员联线子女时问的那句话是：“作业做好了吗？”除了作为一名救死扶伤的医务工作者，他们还为人父母，孩子的学业也是他们操心的。而在当前的形势下，教育工作者当承担起自己义不容辞的职责。医护人员守护我们的今天，教师要守护他们的未来！

建议：本区每所中小学校排摸一下学校有哪些一线医护人员的子女。根据每个不同的学段，制定相应的措施。措施包括对这些学生精神上的关爱，特别是在现在居家时段，要关心其生活，还要关心近阶段的心理健康。对于心理支持，既要做到专业，又要自然贴切。同时在学业上的关心是解决其父母后顾之忧的重中之重。各个学校应由校长负责，层层落实，根据学生的不同情况，制定具体的学科策略。特别在当前学生居家的情况下，措施的落实必须具有可操作性和有效性。在具体操作中需要广大教育工作者群策群力，思路创新，能真正宽慰战斗在一线的医务工作者。

这场战役是全民的战役，教育工作者责无旁贷。

专家点评：

提案从解困抗疫一线的医务人员子女学业的目标出发，有相当的代表性和现实性，妥善解决这一难题，表达了区委、区政府和各行各业对医务人员的精神支撑和实际援助，利于他们安心战斗在第一线；其二，从医务人员最迫切的解决子女的学业出发，解决他们的心中之患；其三，建议的角度也从不同的方面提出具体援助设想。如果在以下四方面稍做改进则更佳。第一，应明确主体责任，是区级层面还是各学校，区里要明确共性要求，并充分考虑到个性需要，相互结合；第二，充分考虑到医务人员及其子女的意愿，处理好排摸与隐私保护等关系；第三，援助责任分解，有些工作仅靠教育部门是无法解决的，其他各部门如何协助配合，包括信息反馈、援助任务的及时调整；第四，这项工作从基层落实来说，要取得家庭、社区支持，而学校仅是一方面，要通过这项工作形成全社会抗疫的实际行动。

（点评者：原上海市政协提案委员会专职副主任朱钢）

承办单位点评：

在全国人民共同抗击疫情的特殊时期，抗疫一线医护人员子女是需要特别关注和关爱的一个学生群体。王玮委员的提案十分及时，帮助杨浦教育工作者思考如何全面关心学生的学习、生活和身心健康，为抗疫一线医护人员家庭解除后顾之忧，为社会做出更大贡献。我们对提案高度重视，从杨浦区教育工作党委到区总工会，从区教育局到各中小学，从干部、党团员到普通教师，大家一起行动起来，各尽所能，各展所长，开展结对帮扶工作。倾情的付出和关爱，成为杨浦教育一道亮丽的风景线。疫情发生以来，杨浦区中小学105名抗疫一线医护人员子女的学习和生活状态良好，身心健康也没有受到影响，杨浦教育质量整体上也保持高位稳定。

（点评者：杨浦区教育局）

关于在疫情期间进一步加强对中小企业扶持的几点建议

提案编号：D159
提 案 者：宋轶涵　杨亚军
提交时间：2020 年 6 月

疫情暴发以来，区委、区政府第一时间出台了房租减免、用工补贴、税收优惠、金融支持等一系列扶持中小企业的政策，不仅让区域内企业都感受到了政府的温暖及对中小企业的关心与支持，也实实在在帮助了很多企业解了燃眉之急。但通过这几个月的实践反馈，有些政策也让一些中小企业感到有些困惑和无奈，主要表现在：

一、物业房租减免的范围还比较有限。杨浦区作为中心城区之一，商务成本居高不下，房租在实体企业的运营成本中占比不小。前期很多企业对于房租减免抱有很大期待，但事实上只有区属 6 大集团的物业才能进行相应减免，很多还要求先交后返，很多中小企业并没有或足额享受到房租减免的利好，甚至为了维护客户关系，很多企业在没有享受到房租减免的同时还要给其客户进行减免，造成了损失加大。

二、用工补贴方面的政策还有待进一步优化。用工补贴政策最主要有两个方面：减免员工社保和用工补贴。这项政策有一个前置条件，即申请企业在 2019 年度的员工离职率不能超过 5%。这一条件对于绝大部分的消费服务性行业而言，几乎是不可完成的任务。

三、税收优惠政策没有覆盖到中等规模的企业。税收优惠政策有很多，其中力度最大的是针对小微企业的营业税减免。这项政策确实对刺激企业恢复运营生产作用非常明显，但是作为一些中等规模的企业就很尴尬。论抗风险能力，比不上大企业；论运营成本又比那些小微企业多很多，关键如果营收超过500万元就属于一般纳税人，又享受不到营业税的减免，其中还牵涉到了增值税抵扣的问题。

四、政府贴息的项目覆盖面广。中小企业申请不到，同时基本上所有贷款还需要抵押物才可以，这在一定程度上也制约了企业申请贷款的积极性。

由于国外疫情形势较为复杂，在疫苗没有研制出来之前很难轻言这次疫情何时结束。中小企业是市场的基石、活力之所在，也是提供就业的重要载体，建议区委、区政府根据我区经济运行实际情况提前规划和制定帮扶中小企业政策的2.0版，万一疫情卷土重来，我们也能及时通过预案有效刺激区域内企业，保持社会经济稳定运行发展。

具体建议为：

一、动态调整，根据疫情对不同行业的影响分层施策、精准纾困。本次疫情首先直接重创的是消费、服务行业，如餐饮、旅游酒店、消费娱乐、线下实体经济等。随着国外疫情的蔓延，外贸出口等相关行业也开始广受影响。前期相关扶持政策相对还是比较偏向普惠，只要符合条件的企业就可以申请。但科技类、互联网企业等除了在疫情暴发初期存在员工复工的困难外，整体业务受到的影响较小。不同企业在后疫情期间最迫切的需求都不同，因此建议针对疫情对行业造成的影响和企业的不同需求进行分层施策，精准纾困。

二、进一步适当扩大对物业房租减免的范围，让更多中小企业获得政策的红利，同时对这些物业减免企业也给予相应的政策鼓励和支持。减免房租政策可以采取多元化的方式进行，比如将减免的房租作为无息贷款给予企业，一方面中小企业可以缓解资金压力，同时对物业而言也没有实际的损失，只是把账期拉长了，只要中小企业还活着，度过危机后，就能再次破茧成蝶。另外对于一些我们杨浦区比较看好的行业或产业，也可以鼓励这些物业企业将减免的房租以对等金额的方式入股企业，这样可能对双方都有所帮助（由于这牵涉到双方的意愿和公司估值认定的程序，相对比较复杂，这只是提出了一种思路，希望能更多元化地扶持，使更多的中小企业能够受惠）。

三、用工补贴方面，降低离职率的门槛，同时将前置条件的时间改成2020年度。如果到年底企业的裁员比例没有超过的话就可以享受。或者改成先补贴一部分，如果企业在2020年裁员超过一定比例的话，需要返还，如果没有的话年终再奖励一部分。对于受疫情影响最大的消费娱乐行业，出台更多的用工扶持政策，鼓励更多的中小企业保留岗位，避免失业潮的来临。

四、在一般纳税人企业年终实际缴纳的税款中按比例返还一部分，多缴多返。这样也可以更好地激励这些企业去想方设法地恢复生产。

五、扩大贴息贷款的适用范围，或者也可让适合的企业在享受到贴息优惠政策的同时需要完成全年营收的增幅（按营收增幅比例贴息，营收增长越大、贴息比例越高），让政策激励更多的企业开拓经营生产，扩大税基。同时在政府的牵头下协同金融主管部门及银行体系共同探讨和出台信用担保贷款的相关政策，针对长期以来经营情况良好的企业给予更多金融支持。也可以充分发挥各街道商会的作用，通过商会互保的形式，让更多中小企业能得到普惠的金融支持。

六、充分赋能、激活和发挥街道商会及行业协会的活力与作用。这次疫情期间，各行业分管委办局和街道纷纷建立了面向该行业和商会企业的微信群或微信公众号，将行业内的企业汇聚一起，成了中小企业共同抱团取暖、分享消息、互通有无的良好载体，也搭建了政府与企业之间良好的平台，拉近了彼此间的距离。建议相关委办局、区工商联、街道等进一步构建多层次、多平台的沟通交流渠道，充分赋能，激活和发挥街道商会及行业协会的活力与作用。

专家点评：

提案围绕中小企业因政策难以落地无法挽回疫情形成的困境建言献策。整篇提案分背景情况、分析和具体建议三大部分，层次清晰，符合提案撰写要求。第一部分分析政策难以落地的具体困难和原因，包括房租先交后返、没有或足额享受、自身未享受而又给客户减免，用工补贴申请门槛过高而使绝大部分消费服务性行业几乎无法享受，申请不了政府贴息项目，税收优惠没有覆盖中等规模企业等，情况反映准确。第二部分在提案分析中篇幅不多，文字精练，点中要害，分析深。第三部分结合所存在问题一一对应，提出对策，前后呼应，尤其第二、三、四、五点建议，就是针对存在的四大问题提出对策，能为决策者在制定和完善决策过程中，精准施策，真正从实际出发，倾听中小企业呼声，惠及中小企业同心协力抗击疫情，使之成为市场的基石，发挥活力，促进就业，建议实，是一篇高质量的提案。

（点评者：原上海市政协提案委员会专职副主任朱钢）

承办单位点评

宋轶涵、杨亚军委员提出的第D159号提案《关于在疫情期间进一步加强对中小企业扶持的几点建议》十分具有建设性和专业性，对我区在疫情期间乃至疫情防控常态化时期的工作具有指导意义。第一条“关于不同行业分层施策、精准纾困的建议”体现了精准施策；第二条“关于物业房租减免方面的建议”、第三条“关于稳岗就业政策建议”、第四条“关于企业经营性奖励建议”和第五条“关于贴息贷款的意见建议”体现了对企业全方位的帮助和关怀，切实帮助企业走出疫情困境；第六条“关于发挥街道商会和行业协会作用的建议”给我区工作带来启示，我们会在接下来的工作中重视和发挥街道商会及行业协会的作用，助力我区经济高质量发展。

（点评者：杨浦区发展和改革委员会）

大会发言篇

构建共建共治共享的社会治理体系
打造杨浦滨江人民城市建设示范区

发言单位：民革杨浦区委

发言时间：2021年1月区政协十四届五次会议

为积极践行习近平总书记在杨浦滨江提出的人民城市重要理念，杨浦区发布了《杨浦滨江全力争创人民城市建设示范区三年行动计划（2020—2022年）》。通过高站位谋划、高水平开发、高品质建设，杨浦滨江南段已凸显出从"工业锈带"到"生活秀带"的突破性转变。民革杨浦区委从共建、共治、共享三方面着手，为探索人人有责、人人尽责、人人享有的社会治理模式，把杨浦滨江打造成为世界一流城市综合治理创新的样板献计出力。

一、共建，构建"一核多元"的社会治理共同体

在杨浦滨江综合开发管理指挥部的统筹推动下，滨江区域的开发管理工作进展有序、落实有力，并设立了人民建议征集平台，问计于民、问需于民。细化到社会治理的多维度层面，建议构建以"指挥部"为核心、全社会"多元参与"的"一核多元"社会治理共同体。

一是着力构建联通与共享相结合的数据互通模式。为进一步提升行政执法效率，可以考虑以滨江南段为试点，建立滨江地区社会治理"数据池"，借力"两张网"建设，实现公安、城管、规划、市场监管等职能部门的业务数据信息共享，形成各部门数据互联互通，做到大数据应用与社会治理的深度融合。

二是着力构建自治与共治相结合的多元治理格局。以多元参与作为社会治理共同体的价值取向，实现从政府"一肩挑"逐步转变成政府和公众"两头热”的态势，因地制宜建立滨江“企业联盟”，完善政企沟通渠道，形成政企联动效应。同时引导社会组织积极参与，对于服务型、公益型、互助型的社会组织，通过指派联络员、设立培育基金和孵化基地等方式，实现高效共治。

三是着力构建德治与法治相结合的社会治理样本。进一步拓展“杨树浦驿站”功能，赋予驿站法律援助、普法宣传、社会主义核心价值观培育、文明宣传等服务内容，打造集党群服务、文旅休闲、法治宣传、德治教育等多功能于一体的社会治理阵地，由点及面将滨江南段打造成德法兼备的社会治理示范段。

二、共治，形成“多元联动”的社会治理新模式

杨浦滨江岸线长达15.5公里，其中，滨江南段5.5公里涉及平凉、大桥、定海3个街道。为更好地优化滨江地区管理模式，建议形成“12＋1”基层网格，即在现有12个街道的基础上，针对滨江区域划分单独网格，组建综合执法力量。

一是整合，打造跨部门的执法协同平台。深度整合滨江区域的执法力量，逐步将公安、城管、市场监管、应急管理等部门的执法力量纳入综合管理队伍，探索建立“一个平台、一支队伍”的综合管理模式，实现滨江地区执法队伍权、责、能有机统一，进一步提升综合执法能力，构建高效集约的执法体系。

二是放开，提升企业单位的管理溢出效能。借鉴“睦邻家园”的建设经验，将滨江地区企业纳入社区自治平台，探索企业与社区的对话模式，让“多元”各方更便捷地表达需求、协商议事、达成共识。还可通过政府授权的方式，鼓励入驻杨浦滨江的企业单位发挥内部管理的溢出效能，承担一定的社会管理职能。

三是增效，打造科技赋能的智慧治理模式。注重运用现代科技手段加强社会管理创新，在杨浦滨江旧区改造过程中利用好“后发优势”，以智能化、数字化、信息化为突破口，争取形成全面覆盖、联通共享、动态跟踪、功能齐全的社会治理信息系统，提高社会治理系统能效。

三、共享，增强“生活秀带”的公共空间体验度

杨浦滨江综合开发始终坚持人民至上原则，聚焦群众对美好生活的需求，以滨江南段为代表的“生活秀带”已成为市民休憩、游客打卡的好去处。在下一步的开发建设中，我们建议：

一是进一步提升滨江地区的软实力。以建设“世界会客厅”为目标，完善文化、体育、旅游等配套设施，打造有利于滨江历史文脉传承的特色文化地标，探索创立或引入具有国际影响力的各类活动，例如马拉松、电竞赛事等，使其永久或半永久性常驻杨浦滨江，提升滨江公共空间的国际知名度和辨识度。

二是进一步谋划公共交通的资源网。加大滨江地区商业、交通等配套设施的建设力度，大到地铁与公交线、小到公共停车位，要与滨江建设同步规划、同步设计、同步实施，让市民群众享受到更多人民城市建设的成果红利。

三是进一步搭好历史文化的新舞台。以“让城市留住记忆，让人们记住乡愁”为目标，做好滨江区域历史文化资源的全面修葺与开放，在合理利用中焕发新的生机。

“人民城市人民建，人民城市为人民。”民革杨浦区委将持续关注杨浦滨江开发建设的进展情况，助力杨浦滨江早日建成人民城市建设示范区。

文创产业谋发展
真抓实干谱新篇

发言单位： 民盟杨浦区委

发言时间： 2019 年 1 月区政协十四届三次会议

文化创意产业已成为上海重要的支柱产业，为更好地推进杨浦区文化创意产业的发展，民盟杨浦区委组成专题调研组，通过走访、座谈、问卷等形式进一步分析了杨浦文创的现状，就推进杨浦文化创意产业的发展寻求更为有效的路径。

一、发展现状

“十三五”时期，在区委、区政府高度重视下，我区文创产业结构更趋优化，市场活力明显增强，产业布局更趋合理，人才队伍建设进一步加强，发展环境进一步优化，产业竞争力进一步提升。建筑设计产业集聚水平全市领先，规模数量优势明显。2017 年，杨浦已有 19 个文化创意产业园区，建成 17 家，在建 2 家，共有 13 家市级文创园区，全区文化创意载体面积达到 105.2 万平方米，位居中心城区前列；文化创意产业总产出 529.47 亿元，增加值 188.64 亿元，增加值占全区 GDP（不含烟草）的 21.1%，并保持快速增长态势。

二、存在的问题

杨浦文创产业虽得到长足发展，但对比其他具有先天优势的区，我们仍有差距，具体表现为：

1. 文创双创联动不足，融合度不高。经过不懈努力，杨浦的双创品牌已在全国范围内打响，形成了“北有中关村、南有深圳湾、东有长阳谷”。“双创”高歌猛进的同时，文化设施、文化消费、文化品位、生活品质等形成的软环境存在一定的短板，杨浦成为只适合创新创业工作而非高品质生活的地方，也曾有关于知识与文化的调侃。

2. 政府资金配比不足，扶持力度不够。杨浦对文创产业的扶持力度在不断增大，但对已获得国家、本市文化政策资金资助项目的文创企业目前尚无配套资助。政府扶持力度不够，文创企业自身势单力薄，在市场竞争中，以中小企业为代表的文创企业在人才争夺中处于劣势地位，难以留住高端人才。

3. 政策信息不对称，宣传力度不大。区政府优惠政策、项目申报、廉租房等重要信息宣传力度不够，创意园区内传达渠道不畅，企业缺乏信息沟通机制，文创企业所获信息不对称，多数企业没有有效的消息渠道，与政府和园区的各项优惠福利失之交臂。

4. 创意园区创意不够，文化氛围不浓。区内创意园区外观上缺乏视觉效果，区域内的老厂房、老厂门未做相应设计，未能体现杨浦区百年工业的特色所在。区域内整体文化氛围不浓，文化创意基地和文创类工作室数量及质量有待提高。

三、建议措施

针对调研中发现的文创产业发展的共性问题，提出如下建议：

1. 文创双创要融合。杨浦要建设“世界级创谷”，需要吸引更多有国际影响、国际背景、国际视野的企业和人才，就必须打造相适应的文化氛围和生活品质。要将文创产业的发展作为“双创”建设的重要组成部分，文创和双创互相促进、互相融合，进一步提升杨浦整体形象和吸引力。

2. 文化标识要打造。杨浦尚缺乏类似田子坊、豫园、外滩等高聚焦、高认知、高品质的文化标识、品牌、形象和场所。建议聚焦杨浦双创文化建设和文化品牌项目，加强整体策划，如进一步提升已初具文创集聚雏形的大学路区域、书香气息浓郁的高校集聚地等，形成独特品牌，打造具有杨浦特色的文化标识，提升杨浦文化品位，吸引上海、长三角乃至世界的目光。

3. 政策配套要跟上。建议政府参照外区做法，加强资金配比，单独拨出文创专项资金，对更多的项目进行资助。还可采取补贴、奖励、购买服务、贷款贴息等方式扶持文化创意产业类项目，积极鼓励和推动创意产业的快速发展。对创意园区内企业提供政策扶持，优化项目申报环节和流程；加大知识产权保护力度，积极营造适宜创意产业发展的外部环境，为文创产业的不断发展提供政策性保障。

4. 服务平台要建立。建议建立公共服务平台，文创企业只需在平台注册，通过认证后，各级政府的相关政策、扶持项目、天使投资人、企业融资、各项孵化方式等信息都可通过平台一站式查找。对为项目孵化、内容制作、技术支持与培训、信息咨询与交流等领域提供支持的服务平台，可采用政府购买服务的形式，发挥平台更大的作用。利用平台的大数据和智能化优势，对文创企业进行分层分类，按照企业实际需求提供定制服务，订单式推送相应的项目申报等重要信息。

5. 园区设计要创新。建议老厂房、老工业遗存和历史保护建筑改建的文创园区，本身设计需有创新性和视觉冲击力，增加创意设计效果，提升创意品质，改善创意形象，打造具有杨浦区“百年工业”特色的创意园区。

杨浦的文创产业已进入机不可失、时不待我的机遇期，杨浦要像创建长三角电子竞技产教协同创新中心这样大力发展文创产业，这必将进一步提升杨浦区域文化品位，对实现改革开放再出发有着重要而深远的意义。

大力发展体育消费
助力打造经济新格局

发言单位：民建杨浦区委

发言时间：2021 年 1 月区政协十四届五次会议

体育消费是指用于体育和与体育相关活动的消费支出。近年来国家出台了一系列重大政策为发展体育消费引领护航，《中共上海市委关于制定上海市国民经济和社会发展第十四个五年规划和二〇三五年远景目标的建议》中明确指出：增添体育功能，打造更多群众家门口的“文化客厅”“健康驿站”，让市民拥有更多文化体育休闲的好去处。由此可见，体育消费产业将迎来新一轮发展契机，政策加持将促使体育消费结构转型增速，从而加快体育与健康产业的有机融合，体育消费必将成为消费领域一股强大的推动力。

杨浦区作为上海的传统体育大区，拥有全国“游泳之乡”“田径之乡”“足球之乡”等称号，先后培养输送了 大批优秀体育人才，也拥有上海体育学院、复旦大学、同济大学、上海理工大学等优质体育教育资源和江湾体育场、杨浦体育馆等体育设施资源。阿里、耐克、完美等产业巨头的入驻，尚体、巅峰、跃动、弈客等一批行业领军企业的集聚，为杨浦的体育产业发展积蓄了优质潜能。2020 年 8 月，国家体育总局公布 40 个首批国家体育消费试点城区，上海有两个城区上榜，杨浦位列其中。

一、杨浦在推进体育消费试点城区建设中面临的挑战

1. 政策宽泛化，实施指导意见细则不完善

国家体育消费试点城区建设的匹配方案，与体育消费有关的规划、配套政

策和实施指导意见细则尚不完善。系统化、常态化、规模化的组织、服务和监督还不够到位。

2. 职能分散化，难以全方位覆盖体育消费

体育消费试点工作的协调管理职能较为分散，仍然处于传统的条线化体育行政管理而非体育消费产业，难以覆盖体育消费的各层面。招商、运营、服务、管理、监督等领域尚未形成完整的职能管理闭环。

3. 产品单一化，缺乏供给联动和推广机制

缺少全面的体育消费服务产品，缺乏生动的体育消费供给联动，缺乏相应的市民体育消费管理方式和推广机制。

4. 供需矛盾化，现有体育资源利用效率低

群众对体育运动场所的需求与供给之间的矛盾日益明显，各场馆设施闲置程度较高，管理方与使用方之间协调性不足，对于体育消费产业的持续运营能力较为薄弱。

二、推进体育消费试点城区建设的对策建议

1. 提高站位，强化顶层设计与产业引导

从顶层设计角度系统思考杨浦区体育消费发展路径。从体育产业闭环层面制定与体育消费有关的产业规划、咨询报告和指导意见，进一步明确体育消费的定义、内容、服务类别、消费监管和发展要素联动机制，引导体育消费有序发展。充分利用数字化公共平台，结合“两张网”建设，推进体育产业与其他产业如健康产业的有效链接，建立体医和体卫融合机制，拓展更为全面系统、丰富多彩的体育消费新场景和新内容。

2. 突出实效，优化管理职能政策工具包

树立体育产业发展与体育消费工作“一盘棋”思想，加强跨部门协同管理，引导体育产业和体育消费的良性发展。加强体育产业招商、体育服务企业孵化，推动在线体育模式与体育消费形式线上线下互相融合。引进一批、培育一批体育产业独角兽企业，包括但不限于运营、设施、传媒、评估等相关的产业集群，让体育产业成为杨浦区产业转型升级的新亮点。

3. 引导需求，增强体育消费持续发展性

充分重视并挖掘消费新观念，如市民对民间赛事和业余比赛等体育运动生活的需求，将其由生活需求转化为消费需求，拉动夜间体育经济的发展。结合区情实际和现有优势，发展电子竞技类体育项目，电子竞技类体育项目可以借助网络缩短线下距离，有着庞大而忠实的消费群体，其周边衍生产业涉及面

宽、附加值高，值得关注与重视。通过学校、体育行业协会、体育行政主管部门等各方协调配合，帮助民众学习掌握运动技能，引导体育培训消费投入，养成健康生活方式，赋予体育消费更多的增长韧性。

4. 提升效能，整合与统筹体育运动资源

提倡市场化和公共化相兼顾，整合区内各级各类体育运动闲置资源，把各高校、各体育场馆等纳入杨浦区体育运动经济体当中，强化体育消费场地和体育消费内容的联动。推出“体育消费券”，打通各个环节，加快体育消费产业链的完善和消费体系的建设，同时加强消费券的使用监管，做到普惠于个人。大力推进体育服务相关产业的发展，特别是体育竞赛表演产业、体育休闲健身产业和体育传媒与信息服务产业，为推动杨浦区从“体育大区”到“体育强区”，全力建设“四高城区”抢抓新机遇，激活新动能。

加强"一网统管"
提高城市治理现代化水平

发言单位：民进杨浦区委

发言时间：2021 年 1 月区政协十四届五次会议

2019 年，习近平总书记在上海考察时指出，要抓好政务服务"一网通办"、城市运行"一网统管"，坚持从群众需求和城市治理突出问题出发，把分散式信息系统整合起来，做到实战中管用、基层干部爱用、群众感到受用。

"两张网"建设是城市治理的"牛鼻子"工作，其中，"一网统管"是促进城市管理精细化、保障城市安全有序运行的实事工程、民生项目。一年来，在区委、区政府的坚强领导下，我区紧扣"一屏观天下、一网管全城"的目标，坚持顶层设计与需求导向相结合，强化开拓意识，强化基础建设，强化阶段目标，强化统筹协调，稳步推进"一网统管"建设，取得了阶段性重要成果。但在实施推进过程中，依然存在若干亟须拾遗补阙的方面。为此，民进杨浦区委结合专项民主监督工作开展了调研，并提出几点建议，以供参考。

一、存在问题

1. 系统建设有待进一步"智"

一是网络监管系统尚未实现完全智能化，统一的共享管理平台、主题数据库等还需健全和完善，且技术平台应用场景较少，无法全面满足各方的管理需求。二是城运平台与政务微信处于"边建设、边完善"阶段，操作系统稳定性较差，体验感不佳，社会认知不足，从而影响了实战应用。

2. 部门联动有待进一步"融"

"一网统管"在各部门联动协调方面，普遍存在一些问题。一是城运中心的职能定位、运作机制尚不明确，从而影响了统筹协调各方面资源的力度。二是缺少配套协调机制，在职能交叉或法律空白区域，联动执法工作存在盲区。三是"一网统管"相关任务尚未纳入各部门向基层派出人员的考核标准。

3. 数据共享有待进一步"畅"

区域之间、部门之间存在数字壁垒，特别是条块之间业务数据难以打通联系通道，且数据统计标准、格式的不统一也增加了共享共用的实际操作难度。此外，由于还未建立统一的安全管理制度，信息安全难以保证。

4. 基层力量有待进一步"专"

"一网统管"对于城市运行管理的工作内涵、技术含量都提出了更高的升级要求，而基层工作人员无论从编制数量还是专业化程度而言，都远远不足，难以达到全覆盖的工作要求。

二、相关建议

"一网统管"建设不是简单的技术迭代，而是深层的改革创新，不仅需要条块之间、部门之间"一盘棋"意识，更要树立起明确的问题导向、需求导向、效果导向，在创新再造中提升效能。为此建议如下：

1. 注重实战应用，不断升级系统建设

一方面，要进一步加强"一网统管"硬件、软件的建设力度，夯实基础。另一方面，为满足所涉及的条块专业部门、基层社区的各项管理需求，就要拓展更多"实战管用"的应用场景。建议：一是引入专业机构来共同开发应用场景，优化"一网统管"平台的技术水平；二是广泛征询各方意见建议，做好政务微信的功能提升、系统对接等工作，支持基层按需开发联勤联动小程序，并通过高科技赋能，将一些原有平台和系统中操作体验感较好的模块纳入新系统中，提升实战管用度。

2. 推进流程再造，不断增强联动合力

"一网统管"以"高效处置一件事"为原则，着重于分层分类分级协同联动，因此健全联勤联动协同处置机制，为基层减负增能，是实现高效治理的关键。建议：一是明确区、街道各层级城运中心的职能定位、运作机制，并赋予相应权限和资源；二是以城运中心为载体，全面整合街道现有管理力量，明确联动执法的处置流程和职权边界，探索条块各方协同互动，构建基础网格、警务网格、综治网格"三网合一"新机制；三是建立完善"一网统管"绩效方案和基于事件回访及反馈的联动考核制度，进一步明确各部门职责。

3. 加强数据治理，不断畅通共享渠道

一是强化区级平台统筹协调的枢纽功能，整合与统筹各条块的业务数据，通过数据归集和标准引领，形成强大的数据治理能力，为基层各职能部门的联动指挥、联勤巡防、联合执法提供支撑。二是研究确立信息数据管理的统一标准，建立从采、存到用、享、管的一整套制度，以及数据安全与隐私保护体系，按照分级分类管理原则共享数据，从制度、技术和管理上多措并举，有效保护信息安全。

4. 夯实人力基石，不断提升治理能力

“一网统管”对基层职能要求进一步提升，但在人员配备上则捉襟见肘。建议给予区、街道城运中心更多人力支持，特别在机构编制数、人员结构、专业性质以及收入待遇等方面，结合工作实际，适当进行调整。同时，加强基层一线工作人员的业务培训和指导，深化其对“一网统管”的内涵认识，增强处置突发事件的应急能力。

城市，让生活更美好；智慧城市，让管理更高效。在取得阶段性成效的基础上，杨浦要始终坚持人民城市重要理念，坚定目标方向，加大力度，加快推进城市运行“一网统管”建设，让这张“网”更智能、更先进、更敏锐，也让城市生活更便捷、更有序、更安全。

大变局下“五角场—滨江”双轮驱动打造上海国际消费城市中心城区

发言单位：农工党杨浦区委

发言时间：2021 年 1 月区政协十四届五次会议

消费是国内循环形成闭环的关键所在，当前上海正在加快建设国际消费中心城市，实施“上海购物”品牌新一轮三年行动计划，各区纷纷出台政策规划擦亮各自品牌。改革开放特别是 2000 年以后，随着五角场商圈能级不断提升，杨浦渐渐成为上海商业不可缺的“一只角”。

一、杨浦区商业发展的现状及优势

1. 具有较强的韧性

消费市场的韧性，是衡量一个地区商业运行状态是否具有充分活力的重要指标之一。新冠肺炎疫情对全市整体消费市场造成冲击，实体餐饮、剧场、电影院、游乐场所等更是遭受空前压力，但是各区呈现出明显分化的现象。从数据分析来看，静安和徐汇两大传统商业强区表现亮眼，进入 2020 年第三季度一扫颓势，实现同比较大幅度的增长，杨浦区紧随其后，迅速收窄跌幅，表现出较好的修复性。

2. 具有较强的吸引力

2019 年，销售额超过 20 亿元大关的上海品牌商场共计 15 家，杨浦区占了 3 席，数量上与浦东新区持平，并列第一位。可见杨浦区的实体商业，特别是五角场商圈，已成为本市具有较强吸引力的商业集聚地之一，无论在品牌商场的集中度上，还是销售额贡献度上都具有较强的优势。

3. 具有较强的可塑性

杨浦的商业布局尚未定型，光是杨浦滨江南段岸线上，还有至少300万平方米的商务空间，可以形成集商业、休闲、旅游、文化、会展、博览等多种商业业态融合的现代2.0版本CCRD(中央文化休闲区)，发挥后发优势，实现“弯道超车”。

4. 具有不可复制性

近代工业风貌带是杨浦滨江地区的重要特色，老厂房、老设施、老建筑无不体现时代温度和历史厚度。如能对标伦敦泰晤士河岸、巴黎塞纳河岸等国际滨水商业开发典范，将滨水岸线、商业休闲、夜景生活等有机结合，引入5G等智慧商圈技术的应用，就有望成为未来高能级、高品质、高颜值的商业集聚地。

二、存在问题

1. 规划能级定位较低

根据现行的《上海市商业网点布局规划(2014—2020年)》，杨浦区仅有五角场商圈入选市级商业中心。杨浦滨江属于远期规划中的地区级商业中心，主要服务于本区域及周边区域的消费人群，商业设施总建筑面积不低于30万平方米，商业集聚在不少于8公顷的区域范围内，日均客流量在10万人次以上。这显然与杨浦滨江未来的发展格局和功能不相匹配。

2. 商业影响力不占优势

杨浦滨江商圈跻身本市商圈前20强之列，但与第一梯队的商圈还有一定距离，排名在后的几大商圈也咬得紧。就杨浦滨江商圈的体量和影响力来说，在全市范围内并不占优，未能与五角场商圈形成“双轮驱动”的态势。

3. 首店经济活力不强

2020年1—11月，杨浦区新增首店24家，包括1家全国首店、1家上海首家概念店，其他22家均为上海首店。总体而言，首店级别不高，进驻品牌偏小众，缺少大品牌引燃首店吸引力。22家上海首店中有餐饮14家，其他依次为零售5家、服务5家、教育1家和娱乐1家，因此在经营业态上，餐饮类占比偏高，其他业态首店品牌有待扩充。

24家首店的地域分布不均，呈现北多南少的格局。北部的五角场商圈作为城市副中心，对首店的吸引力较强，1—11月有19家首店进驻，但与南京西路(85家)、淮海中路(69家)、徐家汇(42家)等商圈差距明显，也少于新近崛起的吴中路商圈(25家)。从商场来看，国华广场为杨浦区对首店进驻吸引力最强的商场(7家),新江湾城的悠方购物中心有4家首店进驻。南部仅平凉商圈的芯工创意园有1家首店进驻,控江等南部商圈正在逐步老化。

4. 未形成内生循环合力

放眼全球,许多知名消费城市有一个共同特点,就是城市商圈之间有明确的定位,又互相紧密联系。以东京为例,除了赫赫有名的银座商圈,涩谷、池袋、新宿、六本木等商圈也各有分工,通过发达的交通体系联系在一起。杨浦滨江目前仅有一座秦皇岛交通枢纽交付使用,不仅与五角场、控江、新江湾的商业集聚区没有形成互动,自身滨江带上的渔人码头、八埭头、国际时尚中心、百联滨江之间,也有待于形成有机联系,进而增强集聚效应。

三、对策建议

1. 提高规划定位标准

建议在新一轮商业网点布局规划编制过程中,争取提高杨浦滨江地区的规划定位,列为本区第二个市级商业中心。同时在编制本区的"十四五"规划中,进一步扩容杨浦滨江的商业体量,明确滨江商圈与五角场商圈各自的分工定位,形成错位发展,真正发挥"双轮驱动"作用。

2. 加强体制机制保障

要在体制机制上加强对推进杨浦滨江商业开发工作的保障,进一步研究构筑功能定位明确、权责明晰、发展协同的管理体制,优化统筹发展机制。建议在现有的滨江综合开发管理架构内,由区商务委牵头,联合相关职能部门制订规划,定期协调相关工作。

3. 加强交通基础设施建设

构建市级商业中心,必须有大中运量的公共交通系统来运输大规模的客流。建议在轨道交通方面,加紧推进18号线、20号线一期工程,努力促成24号线纳入"十四五"规划;道路交通方面,要充分考虑与区内其他商业集聚区的互联互通;水上交通方面,加快进行滨江水上交通规划及建设的可行性研究,为开辟商业、旅游等项目创造有利条件。

4. 推动智慧商圈建设

加快商业大数据平台建设,通过开放共享数据,定期发布商圈发展指数,引导企业优化资源配置。积极推动商贸实体的创新转型,鼓励实体网点与电商平台紧密合作,将线下物流、服务、体验等优势与线上渠道融合发展,为消费者提供完整、全面的购物体验,培养新型消费模式,提升商圈能级。

5. 导入创新商业业态

以滨江“三工”(工业、工厂、工人)历史建筑为载体,在合理布局传统商业的基础上,引入电竞、秀场、跨界体验店等新元素,增加科技娱乐、研学教育、工业体验、创意设计等参与性和体验性强的商业项目。

6. 提升首店、首发经济量能

建议将首发经济作为拉动地区商业创新发展的重要引擎,提升引进首店的数量,注重多业态、高层次的品牌引入,带动地区商业实现新陈代谢和品质提升。杨浦市级商圈要在“量能”上做文章,滨江商圈要引入有更强吸引力的首店品牌,如引领性品牌的全国首店、全球首店等,带动商圈聚拢首店人气;五角场商圈要加快首发经济布局,使老牌商圈焕发新生活力。

打造杨浦区人工智能
产业集群的建议

发言单位：致公党杨浦区委

发言时间：2019 年 1 月区政协十四届三次会议

人工智能已成为世界科技竞争的一个重要领域。根据国家《新一代人工智能发展规划》，上海结合卓越的全球城市发展定位，进一步发挥应用领域广泛、产业门类齐全、科研院所集中的优势，立足国际视野，深化融合创新，推进产业智能化转型，加快关键科技研发，打造创新生态服务体系，推动人工智能成为上海建设具有全球影响力的科技创新中心新引擎。在空间布局上，上海将重点打造徐汇滨江、张江、临港等人工智能集聚发展区，围绕静安、杨浦、嘉定、宝山等基于大数据、云计算、车联网、机器人等产业领域特色优势，建设若干上海人工智能特色园区。2018 年世界人工智能大会在徐汇召开，“上海人工智能发展集聚区”也在徐汇率先正式启动。

一、杨浦区人工智能产业的相关举措

杨浦区高度重视人工智能的发展。2017 年 11 月，杨浦区公开发布人工智能产业扶持政策，并提出新一代人工智能产业 2020 发展目标；杨浦区将对人工智能产业领域的全国乃至全球标杆型机构，给予高达 500 万元的开办费补贴和租房补贴，以及其他各种补贴；2018 年，杨浦作为上海人工智能大会的分会场，举办多项活动；2018 年 9 月，杨浦设立了首期 20 亿元规模的以政府引导、市场运作的人工智能母基金，用于支持和鼓励人工智能产业的发展；2018 年 11 月，区政府发布《杨浦区促进新一代人工智能及大数据产业发展的若干意见》(杨府规〔2017〕4号),明确牵头部门、补贴方式及金额,进一步促进人工智能产业的发展。

二、当前杨浦区发展人工智能产业的优势和短板

1. 杨浦区发展人工智能具有四方面的优势

一是大数据资源优势与大数据产业的集聚发展,出现了优刻得等以大数据为基础的独角兽企业。二是涌现了一批立足人工智能,与应用领域紧密结合的创新企业,如流利说、哔哩哔哩直播等公司,将人工智能与具体的产业领域相结合。杨浦区发展人工智能产业基础良好,其软件和信息服务业企业数量超过1 000家,产值在230亿元左右,其中云计算和大数据企业的营业收入约达150亿元。三是杨浦区高校云集,具有人工智能领域重要的产学研优势。复旦大学脑科学与计算科学、同济大学人工智能与新工科结合等等,充分体现高校资源的外溢与整合优势。上海集聚了全国近1/3的人工智能领域专业人才,很大一部分在杨浦,在智能城市、智能建造、智能汽车、智能传播等领域具有独特优势。四是杨浦创新创业的氛围和优势已产生良好的集聚。2018年,百度集团先后与杨浦、宝山签订战略合作协议,着力发展两区的人工智能产业和智能城市建设。杨浦区政府与百度将依托长阳创谷打造杨浦人工智能特色产业集聚区,努力将其发展成为上海市人工智能创新应用示范区,双方将共建人工智能展示体验中心,并在长阳创谷打造首个人工智能体验式应用场景。

2. 杨浦区人工智能产业发展的短板和不足主要有三方面

一是当前各区都处在人工智能发展的起步阶段,缺乏完善的规划和政策体系,杨浦区在这方面也不例外。二是整个产业的整合度还不够,尚未形成产业集群,仍以单打独斗为主,各企业尚缺乏技术间的协同、产品间的互联互通,上下游的互动尚缺乏有效协调。三是人工智能产业的空间载体尚未形成体系,目前仅有示范区,尚未形成整体的空间格局规划。

三、建设杨浦区人工智能产业集群的几点建议

1. 明确规划,形成错位优势

人工智能成为上海建设具有全球影响力的科技创新中心新引擎,随着世界人工智能大会的召开,徐汇区已走在前列,杨浦区需要在上海的几个区域发展中,形成错位优势。结合杨浦区城市更新的巨大空间优势,建议根据城市规划和产业结构,在杨浦滨江更新、街区更新、园区建设的多个层面,系统规划人工智能的产业空间积聚,形成智能城区、智能街区、智能园区的多层次产业空间,并优先发展大数据、人工智能与新工科、人工智能与制造业等方面,逐渐形成产业集群。

2. 政策支持，形成产业集聚

制定相关的政策体系、评估监管体系和总体政策规划尤为重要。可以鼓励高校相关科研机构和龙头企业参与人工智能相关的基础共性技术标准、法律法规等的制定，支持和鼓励相关学术研究机构开展由人工智能引发的人文伦理、社会问题和法律体系等的研究，为人工智能的安全、可靠、可控发展创造一个良好的环境。

3. 区校共建，形成产学研转化

建议充分发挥杨浦高校集聚、学科专业跨度广泛的优势，搭建相互交流、协同研发平台；支持并推动交叉学科、不同高校、科研院所以及龙头企业，合作共建课题组、联合实验室、专家项目组等，打造产业集群共同体。同时，推动数据平台的开源开放，避免出现数据孤岛化、研发孤立化等问题，打造区校联动、产学研转化的良好生态。

4. 点上突破，形成示范

通过示范性项目和特定产业领域，形成人工智能发展的突破性成果，形成国内领先点。例如，结合杨浦区智慧城市建设，研发智能健康设备，为老龄化社区提供便捷服务，提高社区生活品质；再如，结合杨浦滨江发展与城市更新，打造智能城市示范片区，在城区、园区、社区领域形成全国性示范。

杨浦区作为全国双创示范基地、上海科创中心重要承载区，相信能抓牢机遇、开拓创新，在人工智能领域的激烈竞争中取得优异成就！

关于提升杨浦老式新村社区宜居水平的对策建议

发言单位： 九三学社杨浦区委

发言时间： 2017 年 1 月区政协十四届一次会议

一、宜居社区的概念及内涵

社区是指一个国家在一定区域内，按一定社会制度和社会关系所组织起来的，具有共同人口特征的社会生活共同体，是社会成员参与社会活动的基本场所。“宜居社区”就是强调城市发展中“以人为本”的基本精神。在 2015 年底的中央城市工作会议上，提升城市环境质量，建设和谐、宜居、富有活力、各具特色的现代化城市，成为未来中国城市化发展的核心关键词。“城市，让生活更美好”，通过 2010 年上海世博会长达半年的持续宣传，深入人心，并为广大市民接受，因而可持续、绿色、宜居等概念已从口号日益转化为普通民众的切实需要。

二、宜居社区的评价标准与建设原则

1. 宜居社区的评价标准

宜居社区评价标准主要包括三大因素，即适宜居住性、可持续性、适应性，具体包括以下几点：(1) 有可持续发展潜力，具备良好的就业环境，能够不断改善和提高宜居社区水平；(2) 优美的空间环境、繁荣的经济环境以及和谐的社会环境；(3) 完善的公共配套设施和公共绿地，保障居民的休闲、聚会及交流需要；(4) 具有便捷、通达的交通条件；(5) 社会环境安全，居民友好和谐相处，并具有归属感和认同感。

2. 宜居社区的建设原则

关于宜居社区的建设原则也已有共识，主要原则有五点，具体包括：(1) 因地制宜，科学规划；(2) 立足本土，适度创新；(3) 以人为本，综合发展；(4) 完善公共服务设施，坚持生态优先；(5) 建立起完善的运行维护机制，保障资金安排。

三、宜居社区的调查分析

1. 宜居社区调查

在建设创新型试点城区的大背景下，以新江湾、滨江、大连路为代表的新社区规划超前，设施完备，社区、园区、城区融合较好，因此，九三学社杨浦区委与九三学社上海财经大学委员会合作，以杨浦"老新村"住宅小区为例，以"宜居社区"为目标，进行了抽样调查。

截至目前，区内建于20世纪中后期的老式新村小区，保有一定的数量，如市光一村为代表的中原地区、延吉新村为代表的控江地区，在未来较长时期内，不会面临大规模的拆迁改造。根据宜居社区的相关理论，我们确定了杨浦区"老新村"住宅小区宜居的评价指标与评价因子：(1) 住房条件良好度指标：居住面积、建筑质量、室内日照、室内通风。(2) 自然环境优美度指标：噪声干扰、环境卫生、绿化。(3) 日常生活便利度指标：商业购物、公共设施配套、交通出行。(4) 社会人文资源丰富度指标：文化娱乐设施、体育锻炼设施、休憩场所。(5) 邻里亲情和睦度指标：邻里交往空间、与老朋友联络、邻里关系、家庭关系。(6) 地方文化独特度指标：社区文化活动。(7) 社会治安安全度指标：安全感。

2. 调查结果分析

根据上述指标，我们对区内9个"老新村"进行了问卷调查，并用模糊综合评价法进行了测评。结果表明，27.1%的居民评价为"很不宜居"；35.8%的居民综合评价为"不宜居"；30.7%的居民评价为"宜居性一般"；评语为"宜居"和"很宜居"的居民分别只占6.4%和2.1%，两类人群总体不超过10%。

调查结果表明：(1) 居民最关注安全和住房条件，而对人文资源和地方特色关注较少；(2) 居民对邻里亲情评价一般，而对居住条件和自然环境的评价最低。具体来说，居民对最关注的面积、建筑质量、日照、通风、卫生和噪声等评价很低，而对不太重视的邻里亲情、商业购物和社区文化活动等倒是很满意，从某种意义上反映了居民对于"宜居"的不同理解和不同的价值观。

四、宜居社区发展的对策建议

根据前期调研结果，结合杨浦“宜居社区”建设愿景，我们提出以下建议，供决策参考。

1. 做好前期调研，科学编制社区更新规划

“老新村”社区除了住宅建筑老化、公共服务配套设施不齐全、环境设施简陋、缺乏有效管理等特征外，居民社会关系更加复杂，经济条件十分有限。为此，建议在编制更新规划时，应着重于三个方面：(1) 摸清社区现状，包括小区居住人口数量与结构、住宅建筑单元格局与特点、公共服务设施状况；(2) 切实了解小区居住人口的真实意愿、需求和实际经济能力；(3) 转变规划理念，按照存量型、渐进式规划思路，切忌大拆大建。

2. 尊重老年人口需求，积极实施“宜老性”改造

早在 20 世纪 80 年代初，上海就进入人口老龄化社会。以鞍山四村第三小区为例，60 岁及以上老年人口占居住总人口比例约为 1/3。为此，建议政府从两方面入手：一方面，在公共空间进行“宜老性”改造，如道路无障碍改造、增加休息座椅密度、提升公共绿化品质；另一方面，针对住宅建筑进行“适老性”改造，如在不改变承重前提下，对室内户型按照生活需求进行改造，增加电梯、防滑与紧急求援等安全设施。

3. 建设多元、开放、共享的里弄住宅宜居小区

在杨浦区里弄中，多区域不同类型的活动节点以及街道各部分与建筑相互渗透的灰空间，为居民交往提供了便利的空间基础。在国际化、多元化发展趋势下，不确定因素增加，未来重建的宜居社区，很可能会由多元的人群构成，年龄分层、文化分化、职业分工，会使统一的社区难以复建。为此，提供多样化的公共开放交往空间是必要的。这样，既能适合居住区社会结构发展的不确定性，又能促进不同地域、多元化人群相互结识，沟通共享，迸发新的思想。

4. 坚持以人为本、综合发展，完善公共设施，坚持低碳优先，保障资金安全

宜居社区建设，一定是社区服务持续升级的建设过程。在完善公共服务设施时，要遵循自然发展规律，切实保护社区环境，坚持低碳优先。要建立起完善的运行维护机制，加大资金投入，以维护社区服务、公共环境和基础设施的有效使用和安全保障。我们认为，宜居社区建设一定是个长期的螺旋上升过程，这个持续的完善过程，也一定是多目标下的综合决策过程和艰难的实施过程。我们期望，在这个艰苦但充满人性考量的发展过程中，要始终把社区居民利益放在首位，实现基于群众利益、广大居民参与、居民福祉显著提升的民心工程。

加速杨浦“夜间经济”提升城区“烟火气息”

发言单位：台盟杨浦区委

发言时间：2020 年 1 月区政协十四届四次会议

“夜间经济”作为都市经济的重要组成部分，其繁荣程度是一座城市开放度、活跃度的重要标志。2019 年 4 月，市商务委等九部门联合出台《关于推动夜间经济发展的指导意见》，围绕“国际范”“上海味”“时尚潮”三个特点，打造一批夜生活集聚区，推动上海“晚 7 点至次日 6 点”夜间经济的繁荣发展。一方面，“夜间经济”可以扩大内需、促进消费、创造就业、传播多元文化、繁荣旅游市场；另一方面，夜间经济也会带来噪声污染、光污染、水污染、大气污染、固体废弃物污染、食品安全隐患、交通安全隐患、社会治安隐患等问题。

杨浦区地处上海中心城区东北片，人口密度高、经济形态多元。既有大型商场集中的五角场商圈、控江路商带，也有新型休闲区域大学路、滨江延伸段；既有传统的市民商贸区域鞍山路、殷行地区，也有环绕各大高校的生活圈、文创集市。各个区域人车川流不息，商业设施密度高，地理位置优越，具有培育经济发展新动力的天然优势。我们欣喜地看到，在 2019 年政府工作报告中，杨浦区已经结合浦江夜游品牌项目，开始打造一批夜市试点区域、夜生活集聚区域。

一、杨浦发展“夜间经济”面临的现状问题

当前大部分城市发展夜间经济，局限于夜景灯光打造，以及把白天街头的游商、小商贩的经济行为在夜晚进行扩大化、组织化、合法化，忽视了夜景营造对相关产业的拉动作用和对地方优势资源的整合作用。就杨浦区而言，发展“夜间经济”，还存在以下短板和瓶颈。

1. 产品供给单一，“夜间经济”缺乏特色

现阶段杨浦“夜间经济”的消费业态单一，主要依托餐饮服务、休闲娱乐和大学路等为数不多的周末集市。整个业态供给的产品质量和特色仍有很大提升空间，对不同年龄段人群的吸引力有限；具有参与性、体验性与线上线下相融合的新消费模式和新商业形态较缺乏；顺应消费升级的整体趋势，从供给侧角度满足广大群众的夜间消费需求，以促进新消费的能级有待进一步提升。

2. 城市基础设施不配套，制约“夜间经济”发展

杨浦在公共交通设施方面较市中心区域而言，获得的支持力度还不够。据调查，在五角场区域零点以后很少有公共交通，消费者通过网约车平台打车相对困难。另外，对于“夜间经济”发展需要的城市照明支持，由于杨浦居民区域较多，前期配置不完善，为延长城市“夜游”提供保障的照明设施以及夜间可见的景点导航标识等还需更加优化完善。

3. 公共安全、公共管理压力增加，考验城市治理水平

伴随“夜间经济”的兴起，交通拥挤、噪声污染、灯光污染、废弃物污染等问题日益显现。消费市场打开后，伴随客流量的增多，食品安全监管和市容市貌管理面临更大挑战，大客流聚集容易引发对冲、踩踏等公共安全事件，也对城市治理能力提出了更高要求。如何维护夜间市场秩序，调节生产者、消费者、居民等各利益主体之间的关系，积极化解矛盾纠纷，成为政府部门的职责所在。

二、杨浦发展“夜间经济”的相关建议

英国在20世纪70年代就提出了夜间经济(night－time economy)一词，近年来以服务业为主要内容的夜间经济在城市GDP中所占比重不断加大，发展迅猛。悉尼于2012年发布了《开放悉尼：悉尼夜晚未来发展趋势》城市计划，其内容包括规划城市建设、发展城市交通、建设步行街、推进“城市夜经济”发展、推出第一家24小时图书馆。而北京的簋街，成都的锦里、宽窄巷子等独立的24小时餐饮区，南京的“夜泊秦淮”，上海的“动物园奇妙夜”夏令营等也逐渐培育出了具有文化特色的夜间消费市场。对此，建议：

1. 鼓励多试点，为“夜间经济”发展提供有力支撑和有益经验

杨浦区应加快出台繁荣“夜间经济”促进消费的相关政策，鼓励重点街区及商场、超市、便利店适当延长营业时间。在此基础上，总结提炼一批培育发

展“夜间经济”的有效做法和成熟模式，及时出台相关指导意见，形成可推广、可复制的机制和经验。

2. 成立协调组，推动社会多元主体共同参与、有效管理

建议成立由各职能部门、政策专家、行业领袖等共同组成的夜间工作委员会，协助政府部门制定“夜间经济”发展目标，并通过组织夜间经营者、从业者、消费者、通勤者、执法者等多方对话的方式，听取意见建议，平衡相关群体的利益诉求。同时，发动企业、社会组织、居民共同参与“夜间经济”发展的谋划、建设、管理、评价及成果共享，让企业或社会组织作为“夜间经济”集聚区的主办者，具体负责有关的建设、营运和日常管理工作。

3. 商旅文结合，打造各具特色的夜间文化经济

“夜间经济”须避免“千人一面”和同质化发展，应以文化元素为导向，加快传统商业转型升级，创建出极具个性的商业品牌与夜间经济标签。比如公园夜游、城市夜跑与体育用品、饮料保健品零售相结合，滨江灯光秀与城市风貌旅游、城市景观摄影展相结合。在条件适合的地方建设像“北京 SOLANA”“深圳壹方城”等集丰富业态于一体的 24 小时城市综合体。

4. 巩固硬基础，完善“夜间经济”发展的配套设施

2017 年初，上海市宣布地铁逢周末延长运营 60 分钟，目前周五、周六已经有地铁线路运营到次日凌晨，不少商场随之打出“深夜食堂”概念，将小吃餐饮等业态的营业时间延迟至夜间 23 点甚至午夜之后，打造夜间特色餐饮街区。杨浦区应协调夜市周边企事业单位、商务楼宇的内部停车场在夜间向社会公众开放，并设置一定数量的出租车夜间免费停靠点，供出租车司机休息并方便消费者出行，为做大“夜间经济”保驾护航。

“两个健康”视角下促进杨浦民营在线新经济高质量发展的建议

发言单位：杨浦区工商联

发言时间：2021年1月区政协十四届五次会议

2020年4月，《上海市促进在线新经济发展行动方案（2020—2022年）》发布。同年7月，杨浦区在全市率先形成落实行动方案的《杨浦区积极发力数字新基建培育在线新经济打造发展新高地的行动计划》，成为上海在线新经济产业集聚发展、数字经济提质增速的试验场和先导区。

为进一步推动杨浦民营在线新经济的健康发展和民营企业家的健康成长，助力区域经济结构优化，为区委、区政府提供决策参考，我们在杨浦民营在线新经济企业中开展了深入调研。汇报总结如下：

一、杨浦在线新经济发展情况

调研发现：目前杨浦在线新经济领域的企业大都是中小微企业。其中，从事在线研发、工业互联网和在线教育领域的企业数量居前；成立时间10年以上、3～7年以内企业占比更高；80%企业核心管理者具有“85前”、高学历和本土培养特征；70%的企业为合伙或独立创业，成为新经济主体。主营业务收入、税收及员工人数近三年平均呈现上升趋势，但2020年上半年整体下降；企业研发经费支出近三年始终保持上升趋势；企业融资以自有资金为主，银行及上市融资位列其后；企业自主专利数总体偏低，技术创新能力有待加强；国内市场环境变化是影响企业经营的最大因素；市场开拓能力是企业亟待解决的首要问题;税费是企业希望减免的首要成本;社保、税费减免及财政扶持成为企业能够享受的主要优惠政策;拥有领先的生产技术和核心产品是企业对外竞争的首要优势;企业家最需提升战略规划能力,商业模式创新能力位居其次。

二、影响杨浦在线新经济企业健康发展的主要因素

1. 企业总体运行平稳,疫情导致发展分化

区内在线新经济企业整体处于发展扩张阶段,但受2020年上半年的疫情影响,58%的受访企业经营出现回落。

2. 研发投入持续增加,核心竞争力尚待加强

虽然近三年来企业升级需求强烈,但多数企业缺乏对技术标准工作的足够重视,技术含量不高,创新能力不强。

3. "灵活用工相关风险"与"融资难"成为当前企业生存发展的难题

灵活用工带来企业激励、分配、生产运营、知识产权保护等诸多方面的法律风险,而银行等金融机构缺乏有效评估方法,又使大量成长性企业错失融资机会。

4. 提升市场开拓能力是企业发展首要需求

近年来国内外市场的快速多变,使得企业市场决策难度加大,而该领域多数企业家的国际化视野和商业模式创新能力较弱。

5. 战略规划及管理能力是该领域企业家亟待提升的短板

目前杨浦在线新经济领域中,"85前"企业家居多。对于海外先进技术知识的了解与掌握、吸收和引进等方面相对较为欠缺,对企业的后续发展缺乏长期战略规划。

三、对策建议

针对上述现状和问题,对标上海加快做优"五型经济"的战略和杨浦建设"四高城区"的目标,我们建议在以下三个方面进一步加大推进力度。

1. 进一步精准施策,加大鼓励创新、推动创新的力度

对不同类型、不同成长阶段的企业,应采取更加差异化的支持和评价方式,从而实现更有效的创新激励。

对于具有较高创新能力的企业,应当基于企业既有的营运优势,侧重以知识产权为核心的考核激励和政策引导,激励这类企业挑战难度更高、实质性更强的研发活动,培育一批有核心竞争力的头部企业。

对于中低创新能力的企业,应当采用减免税收和就业补贴等方式,着重激

发其创新活力，帮助实现转型升级，并注意防止低效低质的研发活动，打造一批有发展潜力的产业创新蓄水池。

2. 进一步减负赋能，减轻企业负担，提升企业发展动能

政府各部门进一步主动跨前服务，借助大数据收集分析等手段，提高税费优惠政策体系的差异性和层次性，切实减轻企业的税费负担，尤其降低流转税负和社保负担；另一方面，探索以基础信贷指标与新经济特色信贷指标组合的方式，全方位评估企业信贷能力，消除银行与企业之间的信息不对称，改善企业“融资难”问题。

3. 进一步加强政治引领、服务凝聚，促进企业家健康成长

进一步强化对企业家群体的组织覆盖和政治引领，引导企业树立崇尚学习、崇尚创新、崇尚诚信的社会形象。同时，通过平台购买公共服务等方式，为企业提供一揽子专业服务、为企业家提供多元化成长培训，全方位支持相关企业规范经营、放心发展。

用好“两师两顾问”资源 助力杨浦社区治理

发言单位： 杨浦区知联会

发言时间： 2020 年 1 月区政协十四届四次会议

中共十九大报告指出要打造共建共治共享的社会治理格局，提高社会治理社会化、法治化、智能化、专业化水平。中共上海市委也连续四年召开推进大会，持续推进“创新社会治理加强基层建设”工作。国家和市级层面都对社区治理工作做出了新的部署、提出了更高要求。

杨浦区结合自身高校科研院所集中、专业人才汇集的优势特点，近年来，在社区更新领域、思想领域、社区自治领域、法治领域分别建立了社区规划师、社区政工师、社会治理顾问、社区法律顾问的“两师两顾问”制度，以专业力量，助力基层社会治理创新。

建立了社区规划师制度，引入同济大学规划、建筑、景观类的 12 位专家与街道结对，并负责对结对街道的社区更新项目进行指导。建立了社区政工师制度，引入 12 位高校思政、人文“大咖”与各街道结对，为基层社区出谋划策，指导基层党建、社区党校课程建设。建立了社会治理顾问制度，聘请 12 名上海市社会治理领域的知名专家，通过专家与街道一一结对，共同解决工作推进中的瓶颈问题，因地制宜，找准着力点，不断创新工作手段。建立了社区法律顾问制度，为每个居委会配备了 1 名法治专员，承担提供法律咨询、提出法律意见、化解涉法矛盾、指导法治实践等 9 项职责。

“两师两顾问”制度实施一段时间以来，取得了一定的成效，也产生了一定的影响，特别是在以下三个方面有力地推进了杨浦的社区治理工作：

一是补专业之缺，提升治理能力。社区居民在法治保障、环境更新、居民自治等方面越来越多样化的需求，给社区治理提出了越来越高的要求，针对随之而来的社区专业化人才相对短缺的矛盾，引入行家里手各展所长，进一步为基层社区治理赋能。

二是破管理之难，回应民生关切。引入高水平专业人才，更好地直面环境老旧、邻里纠纷、公共参与度不高等社区治理中的痛点、堵点、难点，用专业能力为社区治理中遇到的问题寻求更好的解决方案和途径。

三是倡规则之道，促进良性互动。引入社区居民可信赖的专业化人才，充分利用其第三方的身份，搭建协商沟通的平台，让“两师两顾问”成为居民群众与党政部门之间沟通的桥梁。

通过调研，我们也对“两师两顾问”制度的下一步工作，提出以下建议：

第一，加大宣传，增加“两师两顾问”的知晓度

我们在调研中发现，“两师两顾问”制度虽是杨浦区社区治理的特色举措，但在部分街道干部和社区居民中的知晓率仍然较低。部分街道干部在碰到相关问题时尚无主动向结对的“两师两顾问”进行咨询的意识；社区居民向“两师两顾问”寻求帮助的途径也未能统一明确，并做到广泛公布。

建议对“两师两顾问”制度进行整体宣传，作为全区性的基层社区治理品牌予以精心打造、持续打磨、全力打响，进一步增加社会知晓度。同时建议能够在街道为“两师两顾问”挂牌设置固定的办公场所，并明确公示居委、社区居民寻求“两师两顾问”帮助的途径，让专业人士能够充分地参与到社区治理中来，让社区居民能够方便地找到“两师两顾问”。

第二，资源整合，发挥“两师两顾问”的最大效益

“两师两顾问”涉及的 4 项制度，从本质上来说，都是邀请相关领域专业人士为杨浦社区治理提供专业建议的制度。具体的推进工作分别由区委组织部、区规划资源局、区地区办、区司法局四个部门牵头开展，目前的工作模式主要是依据不同的制度“各自为政”。但在实际的社区治理工作中，并不能完全将“两师两顾问”的工作切分开。

例如，对于社区环境的改造，从表面上看应属于社区规划师的工作职责，但改造方案在征询居民意见时，自然而然地跨入了社会治理顾问的工作范畴，改造方案涉及相邻法律关系时，又涉及社区法律顾问的工作内容，而社区政工师的工作则应该贯穿于整个改造项目的过程中。

建议在区级层面打破部门之间的屏障，为“两师两顾问”的优化配置提供制度保障。同时建议各街道也要发挥主观能动性，主动搭建平台，整合与街道结对的“两师两顾问”资源，更好地推进社区治理工作。

第三，完善制度，定期评估“两师两顾问”的实施效果

在社会治理越来越受到重视的当下，“两师两顾问”制度是杨浦区创新社会治理的一种尝试，需要一段时间的实践来检验制度的合理性和有效性。

因此建议对相关工作取得的成效进行定期评估，根据评估结果不断完善“两师两顾问”制度。同时对于“两师两顾问”的人员名单也建议在一定期限后，根据结对双方意愿进行更新调整。

“城市管理应该像绣花一样精细。”社区作为城市管理的基本单元、基础细胞，更应该精细化地进行管理，调动各方积极性，用好专业力量，开创新时代社区治理新局面，提升广大群众的获得感和幸福感。

领导点评：

政协全会中的大会发言是党派团体和政协委员履行职责、行使民主权利的重要形式之一，是展示党派团体、政协委员参政议政水平的重要舞台，是党和政府直接听取政协委员意见和建议的一种行之有效的方式，也是健全和发挥中国新型政党制度优势的机制保证。

写好一篇大会发言，选题应旰衡大局，以大局观为统领，精心选择主题；调研应下马看花，坚持求真务实、基于实际、依靠群众，零距离地倾听意见，做到兼听则明；建议应深中肯綮，分析应直指问题核心，击中要害，对策建议要有前瞻性、可操作性。

这次所遴选出的十篇大会发言，围绕我区经济社会发展大局和区委区政府中心工作，“热点主题冷静写，冷门主题超前写”。讲问题客观实在，有翔实的数据，有说服力；分析原因实事求是，具有科学性；提建议切实可行，具有前瞻性。

纵观这十篇大会发言，一是促进经济社会发展大局的思路明晰。多篇发言聚焦我区经济高质量发展中心工作，如发展文创产业提升区域文化品位、发展体育消费打造经济新格局、明确滨江商圈与五角场商圈分工定位发挥“双轮驱动”作用、打造人工智能产业集群建设科创中心新引擎、加速杨浦“夜间经济”提升城区“烟火气息”、推动民营在线新经济和民营企业家健康成长助力区域经济结构优化等，在双创、产业发展、经济格局塑造等方面积极建言献策，分析问题客观实际，对策措施切实可行，对完善政府工作思路举措具有重要的作用。

二是建设城区及关注民生的对策务实。结合杨浦实际，如加强“一网统管”提高城市治理水平、提升老式新村社区宜居水平增进福祉等，从“一网统管”大处着眼，从老式社区宜居小处着手，提出了很多既有宏观指导意义，又有实际可操作性的意见建议。

三是提升社会治理成效的理念突出。如构建共建共治共享的社会治理体系、用好“两师两顾问”助力社区治理等，以专业力量，助力基层社会治理创新，以独特视角从小处切入，体现了社区治理的精细度，亦是践行“人民城市人民建，人民城市为人民”的重要体现。

（点评者：杨浦区政协副主席翟骏）

社情民意篇

关于完善诉前财产保全制度的建议

反 映 人：沈岱青
提交时间：2017年1月

诉前财产保全制度的目的是保障利害关系人合法权益避免受到难以弥补的损害，而在实际操作中，由于制度及程序等原因，诉前财产保全常常难以执行，造成利害关系人合法权益受到损害。

根据我国目前的法律规定，采取诉前财产保全的法院与实际审理诉讼的法院可能重合，也可能不一致。在司法实践中，根据审判流程管理和诉讼卷宗管理的相关规定，诉前财产保全案件是单独立案、独立成卷，如果申请人在法定期限内起诉，案件也是单独立案、单立卷宗。由于诉前财产保全属于立案庭的业务范围，而审判管理并不要求其主动向嗣后审理诉讼的相关法院或业务庭移送卷宗，业务庭审理案件时也看不到与该案有关的诉前财产保全信息。由此产生了一个窘境：原告方根据法律规定，向法院缴纳了保证金或提供了担保物，承担了巨大的诉讼成本，却由于法院“案多人少”的现况及制度设计存在缺陷等原因，有时导致一审已审理终结，但诉前保全仍未实际进行，致使诉前保全制度形同虚设。

为此，建议：

一、增加人员配备，加大诉前调解力度

目前，诉前财产保全方式大多是查封账户、房产及车辆，对于被申请人的生活及生产经营有较大影响。因此，被申请人在知道查封情况后，通常会主动要求调解。而实践中，体系化的诉前保全调解机制并未形成，限制了诉前保全制度作用的充分发挥。应加强立案庭人员配备，进一步延伸保全职能，在保全手续完成后，主动、及时通知被申请人保全事项，利用保全措施对被申请人造成的压力，积极引导其同意诉前调解，以保全促调解，减轻审判压力。

二、健全流程跟踪，完善内部衔接机制

根据当前审判实践，若诉前财产保全的申请人未在法定期限内起诉或者被申请人依法提供担保，承办诉前财产保全的人员会依法裁定解除财产保全，但若其依法起诉，则依靠审判案件的法官关注诉前保全情况。建议完善案件流程追踪，在申请人依法起诉时，由立案部门审查立案的人员负责将诉前财产保全的信息引入新立诉讼案件的信息中，同时将诉前财产保全的卷宗与新案卷宗一并移送至审判部门，由审判部门统筹案件办理进度。

三、开通关联查询，加强法院之间联系

案件信息关联不应局限于同一法院或同一地域的法院之间，特别是在采取诉前财产保全的法院与实际审理诉讼的法院不相一致的情形下，实现法院之间的案件信息关联查询显得尤为重要。建议各法院准确记载当事人（自然人）身份证号码或其他有效身份证件的号码、在有效机关登记的身份信息（非自然人的其他主体），将之作为关键词，确保该当事人向人民法院起诉时，立案系统能自动提示与之相关联的全部案件信息，以提高办案效率。

关于海关 2017 年第 56 号公告执行过程中相关企业遇到的申报“困惑”

反 映 人： 江海洲

提交时间： 2018 年 6 月

2017 年 11 月 20 日，中国海关发布 2017 年第 56 号公告，规定向海关申报传输进出境运输工具和舱单电子数据，并对申报传输时限、数据项、填制规范做出规定，该规定自 2018 年 6 月 1 日起执行。第 56 号公告对货物进出境的监管，具有积极的意义。然而，对于国际货运代理公司特别是无船承运企业，遇到了执行的困惑。

按目前国际货代的操作方式（海运），主要是两种情况：一种是直接向船东（或船代）方订舱的货物，船东提单直接显示实际收发货人详细资料。这类方式对 56 号公告的执行基本不存在问题。另一种是无船承运企业向船东（或船代）方订舱的货物，船东提单显示无船承运企业及其海外代理的详细资料，无船承运企业签发自己的提单给实际客人。第二种方式在执行海关第 56 号公告时存在问题，主要是根据海关要求，舱单应是实际收发货人的详细信息（包括企业代码等），而无船承运企业，订舱提供的资料则是无船承运企业及其海外代理的资料。那么无船承运企业究竟应该如何提供资料呢？

根据调查了解到，目前深圳、宁波、天津与上海具体执行的方式各不相同。深圳方面，报关时由报关公司直接提供实际收发货人资料即可，操作最简便，但和海关要求有出入。天津方面，目前没有明确说法，各货代公司都在观望。

宁波方面，只需要提供无船承运企业及其海外代理资料即可，这和海关规定提供实际收发货人的要求，又有差别。而且，仅提供无船承运企业资料，那么发送舱单就没有实际意义。上海方面，目前各有说法，船东认为，应由船代负责发送，可由报关行报关时候提供；船代认为，需电子订舱单位发送；电子订舱单位认为，需要船代和他们协调；报关行认为，这个他们也不发送。也有同行反映，目前只能对进口货物实行，出口暂没有信息。青岛方面，和宁波类似。后续操作说法不一，还没有完全统一。总之，具体操作落实情况令很多企业一头雾水、无所适从。

为此，建议：

一、第 56 号公告的正式实施需要有过渡期，各口岸制定基本的操作框架。海关、船东、船代、货代、报关行之间需要有一个操作的调和过程。目前从 2017 年 11 月 20 日公告发布至今，各单位、各系统之间显然没有经过统一协调。公告不能一发了之，后续的操作规范要跟上。

二、舱单的发送应该是实际收发货人的资料。承运人不是贸易商，对货物、出口退税等都没有关系。因此发送无船承运企业的资料，那么舱单的发送就失去了实际意义，有违对实际进出口企业监管的本意。

三、56 号公告没有考虑到无船承运操作的特点和流程，应加紧制定明确的操作规则。经咨询上海 12360 海关热线，得到答复是无船承运企业向船东（或船代）订舱的时候，须提供实际收发货人资料（与报关单保持一致）。而这种操作方式，和无船承运操作流程是相违背和矛盾的。显然 56 号公告没有考虑到无船承运操作的特点和流程，有着一定的瑕疵。可参考美国 AMS 的具体做法，即实际收发货人资料（无船承运人提单 HB/L 显示的实际收发货人资料），须有另外配套的实际舱单系统（或者操作界面），这个需要海关、船代之间有一个明确的规范性的操作规则。

同时，对于进口至中国的货物，目前海外无船承运人企业，也遇到类似的困惑，不知道如何进行具体操作，海关方面能否建立网上系统，以让他们申报 HB/L 的实际收发货人资料？希望海关方面能够考虑更多实际情况，明确细则，在操作时做到实际收发货人资料完善，并和报关资料相匹配。在系统尚未完全成熟以前，也需要有足够的过渡时间。

关于提高劳动争议仲裁效率的建议

反 映 人：冷佳昌
提交时间：2019 年 1 月

每年年底是各单位的考核期，人社部对各地区仲裁院提出“不低于 92%”结案率的规定，使得各地区仲裁院为了达标往往采取一些“变通”办法，带来以下问题：

一是仲裁院以管辖范围为由，不受理仲裁申请。按规定，仲裁案件受理地域范围分为三种，公司注册地、公司实际办公地、劳动合同实际履行地，原本这是为了方便劳动者的政策。由于各地有不同类型的产业园区，企业根据自身特点和政策、税收优惠，会选择适合的园区进行注册登记，但又考虑到业务拓展和开支需要，选择合适的办公场所，导致部分企业注册地和实际办公地不一致。当发生劳动争议后，这些企业的劳动者会根据自身便捷考虑，选择其中一个地方的仲裁院提出申请。对于考核指标压力较大的仲裁院，会以注册地或办公地不在本区为由，引导申请人去另一个地方申请仲裁，从而容易引发申请人投诉。

二是最大程度使用先行调解机制。仲裁院在案例受理时，一般都会告知当事双方需要进行先行调解程序，而人民调解一般为 15 天，遇到案情比较复杂的，经双方同意可以延长到 30 天。当考核时间节点临近的时候，仲裁院往往使用先行人民调解的方法，延后立案时间。如此一来，延长了案件的处理时间，遇到双方不愿调解的情况下，违背了当事人的意愿。

三是劳动仲裁不收费导致行政资源被滥用。有个别劳动者申请仲裁为的是“一口气”，而不是福利待遇。比如有的申请人提出要求公司支付2.7元加班费的仲裁申请，不愿意调解，只能按照法律规定程序立案开庭，这种情况是对行政资源的极大浪费。

为此，建议：

一、完善考核指标。不以简单的结案率为衡量指标，更多考虑仲裁申请人的满意度，科学设计考核办法和指标。

二、规范仲裁案件受理地域范围。对争议案件管辖范围优先级做出规定，如公司企业注册地为A类、实际办公地为B类，一是取消劳动合同履行地管辖资格；二是以B类实际办公地为主要申请地，整合辖区内相关部门资源，共同参与管理或实施处罚，为申请人提供服务；三是以A类注册地为托底保障，在公司关门或更改办公地期间，让劳动者有地方提出仲裁申请，也方便相关部门的监管。

三、加强人民调解力度。目前尚未建立仲裁领域的专职调解队伍，而是借用街道、劳动监察等部门的力量开展调解工作。建议规范人民调解或者仲裁调解制度建设，建立专业、高效的专职调解队伍，扩大调解广度，畅通调解渠道。

四、劳动监察部门增强工作主动性。劳动监察部门具有上门监督、检查、取证、行政处罚等仲裁部门不具备的职权。在案件管辖范围上发生争议的，劳动监察部门可主动上门帮助申请人确认相关信息。拖欠工资、不发放高温费等单一的劳动争议，仲裁此类案件一般需要60天，可由劳动监察部门直接上门执法。

五、对申请劳动争议仲裁案件收取一定费用。参照法院的收费标准，对仲裁案件的申请人收取一定的费用，而费用最终可由过失一方承担，既不增加劳动者负担，又能过滤非必要仲裁，从而集中行政资源，让那些真正需要仲裁的劳动者得到应有的帮助和支持。

关于防范知识产权融资风险的建议

反 映 人：张泉春

提交时间：2019 年 2 月

全国知识产权质押合同登记量已连续多年保持增长，多个省市开展了知识产权质押融资、投融资服务等试点工作，2017 年全年通过专利、商标、版权质押共融资超过 1000 亿元，这种新兴的融资方式尤其对科技型中小企业发展具有越来越显著的作用。但是，需要高度关注和防范知识产权融资风险问题。

知识产权质押融资是指个人或者企业以合法拥有的知识产权中的财产权，经由第三方专业评估机构评估后作为质押标的，向银行等金融机构或非金融机构申请贷款融资，从而得到银行等金融机构或非金融机构一定数额的授信额度，有效缓解企业融资压力、促进企业发展壮大的一种贷款融资方式。与固定资产及不动产等有形资产的标的物相比，科技的进步、时间及地域的变化、社会经济的发展和企业的信誉及商誉等多种因素容易使得知识产权的价值产生一定程度的波动，鉴于知识产权自身的特性，由此带来的风险就不可避免。

一、知识产权价值的模糊性。在知识产权质押融资环节中，知识产权价值评估是既复杂又专业的关键环节。目前的评估机构基本都采用收益现值法，但其弊端在于很难算出知识产权以后的收益，或测算存在偏差。涉及版权或者是专利权等知识产权价值评估，由于目前制定的针对无形物的评估指南未根据不同属性、领域制定差别化的操作规程，缺乏统一规范以及可参考的评估制度，影响评估的准确性。此外，评估费是与测评出的价值成正比收取的，企业既希望得到较多的评估价值，又不想支付较多的评估费，这就可能导致评估出现较大偏差。

二、知识产权的变现能力障碍。相较于有形资产而言，知识产权的处置流动性较低，产品研发所处的阶段、市场需求程度、专利技术更新情况等都严重影响了专利的变现，加上我国的转让市场还不够健全，在操作程序上较麻烦，使得处置变现成本增加。目前，我国大多数的专利发明还是职务发明，发明人与知识产权拥有者不一致，使得金融机构等在处置知识产权变现时无法保证对出质物实行正常的变现，增加了贷款机构风险，从而降低贷款的积极性。

三、知识产权质押贷款企业的信用问题。商业银行在开展知识产权质押融资业务时会受到来自企业的信用风险，特别当贷款企业信用度较低时，其本身的经营情况与资源配置决定了其是否能够对市场创造价值，同时是否有现金流和稳定的经济效益。同时企业也可能为了进一步扩大规模或者投放新技术而没能按时还款，这都影响银行贷款的积极性。

四、知识产权质押融资贷款的法律制度不完善。《担保法》《物权法》《专利法》等法律法规中只有少许规定提及了知识产权质押融资，且没有明确统一的操作细则，比如对知识产权信托和其资产证券化都没有明确规定，在一定程度上制约了知识产权质押业务的开展，并增加了法律风险。

为此，建议：

一、建立知识产权质押信息公示机制。我国现行的法律体系对于知识产权质权设定方面规定了较多的登记机关，如专利权出质的登记机关为国家知识产权局，商标专用权出质的登记机关为国家工商行政管理局商标局，著作权出质的登记机关为国家版权局，植物新品种权出质的登记机关为国务院农业、林业行政部门，商号权出质的登记机关为工商行政管理部门，等等。各登记机关所发布的登记程序内容相差甚远，其登记期限和费用也各不相同，对于登记信息的公示方法和途径规定不明确。

建议改革和完善知识产权质权登记制度，设立统一的登记机关，规范登记程序，建立统一的信息发布渠道。考虑到目前对于知识产权质权登记采用的是实质审查，很多审查项目的专业性很强，对主管机关业务能力依赖很强，不可能像应收账款的登记信息公示一样在管理体系外建立一个机构进行统一管理，要实现所有知识产权类型的统一主管机构的目标为时尚早。因此，目前最重要的可行办法是登记机关在完成登记事项后，制作登记簿并上传信息公开网络平台，供公众查阅，以达到质权变动公示的目的。

二、完善国家担保制度，搭建融资联动平台。融资的高风险、高成本，成为阻碍金融和非金融机构等开展质押融资的重要因素，所以，仅仅由市场对知识产权质押融资进行调节显然是不够的，这就需要国家进行适当调控以此寻求平衡。国内外实践表明，国家需要建立一个统一的担保制度，让担保机构或者其他单位共同承担风险。如果金融机构在放款以后无法在有效期间收到企业的还贷，而且也无法正常处置知识产权来实现债权时，担保机构应按照合约对其进行相应补偿，这样既增加了金融机构贷款的积极性，也降低了知识产权质押融资的风险。

三、配套知识产权交易平台，搭建科技专家数据库与动态数据管理库。为了进一步提高知识产权的流动性，规避银行等贷款机构在实际操作过程中的流动性风险，需要建立健全知识产权交易平台。当前个别地区虽然已经建立了知识产权交易中心，但是并没有统一的全国联网交易平台来整合所有资源，使得交易市场仍然存在一定的局限性，代理机构存在恶意竞争、制度规范不一等问题，影响了交易的效率。实现统一的全国联网交易平台整合资源，既是为了让交易过程更加透明清晰，呈现知识产权实际价值，同时也规范了行业交易制度。除此之外，平台需统一建立科技专家数据库，以此开展更准确、更合理的价值评估和在线咨询等服务；同时，也要建立动态数据管理库，及时跟踪贷款企业经营财务状况，降低风险。

四、加强银行等金融机构与知识产权管理机构的合作，提高知识产权质押融资的准入条件。金融机构应与各地知识产权管理机构建立密切的合作关系，及时把握融资企业知识产权项目的前景及权利状态，制定适宜的质押政策以及金融产品。同时，设立较高的准入条件，将一些有不良记录或资信较差的知识产权项目排除在外，以降低融资审查的成本，避免社会资源的浪费。对风险较低且资信较好的企业可以通过降低融资的基准利率、建立绿色服务通道、放宽贷款期限及额度等方式，提高优质企业获得贷款的便利性。

建议推动新能源车扶持政策转向激励新能源动力研发应用项目

反 映 人：蔡永杰

提交时间：2019 年 3 月

2019 年初工信部透露，相关部门正在抓紧研究制定 2019 年新能源汽车补贴政策，总的原则是在确保 2021 年补贴全部退出后，产业不发生大的波动，分阶段释放退坡所带来的压力。虽然政策何时落地、补贴金额退坡幅度多少等问题至今未定，但 2019 年新能源车补贴金额继续退坡已成定局。

据工信部最近公布的 2019 年第一批新能源补贴车型目录，共有 49 家企业的 106 个新能源车型进入目录，其中纯电动产品有 98 个，新能源车补贴范围正在缩小。

网上已有很多对纯电动车的吐槽，因为几乎所有纯电动车的总行驶里程不仅低于厂家的数据，而且显示的续航里程与实际相差较大。国产纯电动车使用的各种动力电池，其能量密度普遍不高，蓄电能力衰减非常快，充电难和充电时间长，这些瓶颈导致了纯电动车的吸引力越来越低。

不过，特斯拉纯电动车由于其动力电池的各项性能均明显优于我国，而且还具有成本优势，受到市场的认可。尽管如此，特斯拉仍在通过国际间各种合作，继续研究开发性能更优秀的动力电池，其能量密度和蓄电能力衰减都大幅领先我们国内，最新还研制出能 15 分钟充电到 80%快速充电设备。据预测我国动力电池能量密度 2020 年才有望达到 300 瓦时每千克，还不知蓄电能力的衰减是否有所改善。相比之下，我国的纯电动车技术总体水平仍不容乐观，即使是实力相对雄厚的比亚迪，其产品在我国香港、美国等地也因续航能力问题有较多被退货的案例。

新能源车的主要考量是清洁能源、安全性、续航里程和快速蓄能。使用清洁能源是发展新能源车的初衷，安全性是发展新能源车的前提，续航里程则不需无限增加，达到一定程度即可，但快速蓄能十分关键。新能源车在我国的潜在市场大，但自有产品性能不高且技术并不领先。为此，应该考虑在退出新能源车补贴的同时，逐步把向“车”补贴改为对“新能源动力研发应用项目”的扶持，向研发清洁能源作为汽车动力的项目倾斜资源。向“车”补贴，缺点是会出现大量技术含量不高竞争力不强的新能源车。而向新能源动力研发应用项目倾斜资源，本质是鼓励研发新技术新产品，有利于提升新能源车的技术含量和性能，这样才有望在国际市场竞争中立足。

具体建议如下：

对能量密度高、安全隐患低且抗衰减性能好的动力电池开发项目大幅提高激励力度，对研发氢等其他能源作为新能源车动力的项目给予最大的政策扶持，把更多更充足的资源最大限度地向新能源动力研发应用项目倾斜，吸引更多的力量和资金聚集到这个方面，为新能源动力研发应用项目创造优越环境，鼓励开展包括国际间的各种形式合作。把支撑点对准研究开发新能源应用，才是新能源车健康发展的根本。

关于细化中小微企业所得税优惠的建议

反 映 人：江海洲

提交时间：2019 年 7 月

近几年来，国家对中小微企业的扶持力度不断加大，企业所得税优惠就是一项有利有力的举措。根据相关规定，对中小微企业所得税实施减免，最终结果是按 20%优惠税率减半征收，即为 10%(从 2019 年开始对应纳税额 100 万元以下小微企业再降为 5%)。

目前在实施过程中，中小微企业分支机构在如何享有该优惠政策上遇到了瓶颈。

分支机构的税务申报有两种方式：第一种是营收归入总公司，由总公司统一申报；第二种是分支机构在当地独立核算、独立申领发票、独立申报。两种方式任选一种均可。由于历史原因，特别是在金税三期(甚至在最早的税控系统)推广以前，很多分支机构已经成立。由于当时全国税务系统各地独立，并未像现在全国联网，因此分支机构大多采取第二种申报方式。在金税三期推广、税务全国联网以后，系统也自动默认各分支机构为“一般企业”单独接受申报。在所得税优惠政策实施初期，也享受到了所得税优惠的政策。

但是，最近开始，分支机构如果按系统默认的“一般企业”申报，不再享有所得税优惠。主要原因是：根据我国所得税法第五十条第二款的规定“居民企业在中国境内设立不具有法人资格的营业机构的，应当汇总计算并缴纳企业所得税”。据此认为“现行企业所得税法实行法人税制，企业应以法人为主体，计算并缴纳企业所得税”。由于分支机构不具有法人资格（分支机构营业执照显示为负责人），其经营状况应并入企业总机构，由企业总机构汇总计算应纳税款，并享受相关优惠政策。

因此，近来多地第二季度税务申报，针对分支机构的所得税优惠被取消了（书面通知暂未收到）。25%和10%（或5%）所得税就相差很多。

相关的解读并无什么错误，但是在实际操作过程中还是要考虑企业的现实和历史的因素：

一、因为上述的历史原因，企业分支机构一直按金税三期中默认的“一般企业”申报税务。根据财务制度连续性的规则要求，现在如果要汇总计算并纳税，让企业感觉有点棘手。同时要在金税三期系统中勾选“总机构”或者“分支机构”进行合并申报纳税也不是那么简单，需要企业“总机构”和“分支机构”在当地税务办理一系列手续以后才能实施。对企业而言，还将面临所得税如何预缴、各地分支机构如何分配等诸多情况，对一家中小微企业而言确实有点头痛。

二、对于分支机构，独立申领当地的增值税发票，但是将营业收入汇总到其他地方（比如北京分支机构申领并开具北京税务部门的发票，而营业收入汇总到上海的总机构，在上海税务申报），不是很妥当，也不便于发票管理。既然分支机构可以实行独立核算、独立申领发票、独立申报，虽然营业执照显示为“负责人”，建议依然可以享有所得税优惠政策。

三、对于目前系统取消分支机构所得税优惠，我们的解读是为了防止税收流失和税务漏洞：如果按多个分支机构独立申报，各地都可能享受到优惠税率；而如果合并的话，可能合并后公司利润会超过中小微企业所得税的优惠标准，那么就必须采用25%的税率。

为此，建议：

一、进一步细化、明确中小微企业所得税优惠政策，让这项政策落细落实，全面惠及中小微企业。分支机构执照虽然是负责人，但因为历史原因延续下来的分支机构单独报税的情况要加以考虑。建议增加一项分支机构（独立核算按“一般企业”申报纳税的）享受中小微企业优惠政策的应纳税额标准，该标准可以适当低于目前的标准。

二、为避免上述提到的漏洞，充分发挥金税三期的功能。金税三期主要就是为了管理发票、税收等，目前已全国联网，实现了全国数据的统一管理。

因此，充分发挥金税三期的功能，由系统自动处理总公司和分公司的数据，再判定是否可享受中小微企业所得税优惠税率显得更合理。按目前金税三期的强大功能来看，技术上应该没有难度，可以做到。

关于进一步放大进博会溢出效应的建议

反映人： 邱　罡

提交时间： 2020 年 1 月

第二届中国国际进口博览会的圆满闭幕是我国进一步对外开放的最好证明，也是全球企业对我国市场的信任和看好。笔者作为一名进出口贸易和国际物流的从业者，就上海如何承接自贸区和进博会溢出效应，提几点建议：

一、在自贸试验区临港新片区建设进博会“跨境中心仓”。中心仓可以分为海外进口和国内出口：海外商品在保税入境后，在“跨境中心仓”内将一般保税账册、跨境电商进口账册等材料转制为非保账册、一般贸易保税账册等材料，最后在征收一般贸易税和跨境电商综合税后完成进口；国内出口的材料办理入区退税或离境退税后，通过在“跨境中心仓”完成材料互转后，将商品进行保税离境。“跨境中心仓”通过实现区域内部材料的互转，实施不同类别商品的分类化监管，逐步实现保税商品与非保税商品在同一个仓库内进行存储、仓库进口商品与出口商品在同一个仓库内进行调动等目标。促进国内贸易和对外贸易同仓化和一体化，借助一个库区具有多种功能、一个仓库有多种形态的管理模式创新，使原本依托于多个仓库、多个区域、多种物流形态以及贸易形态的货物实现在单一中心仓内进行统一调度，企业也由此能够更加充分灵活地对国内贸易市场和国外贸易市场、国内商业资源和国外商业资源进行充分利用，最大限度地发挥海关监管特殊区域和自贸区制度的便利性。

二、降低关税，进一步彰显开放自信。由税务部门加强研究，如何切实降低进口关税，提出上海自贸试验区内或者铺开到上海全市的试点方案。例如在高端消费品方面，包括汽车、医药、化妆品等，可考虑在几年内逐步降低；先进设备类，如精密仪器、实验设备等，是与欧盟等经济体贸易合作的重点，也是我国产业向中高端跃升所紧缺急需的商品，可试行关税加征豁免；高附加值资源类产品，如农产品、优质能源、材料等，可扩大进口，在技术壁垒、卫生壁垒等非关税壁垒上放开政策。

三、打造"全球新品首发中心"。借进博会东风，加快建设上海具有国际影响力的"全球新品首发中心"，整合全球新品信息，建设新品发布平台，提供常态化、全天候的新品首发配套服务。吸引国际知名的高端奢侈品设计师、制造商、品牌商参与进来，缩小国内外新品发布时间差，扩大新品全球首发领域国际影响力，如果再加上保税展示展销模式，那么商品就不仅实现"海外同质"，还做到"海外同价"，让国内消费者享受到与海外购物近乎相同的体验，真正实现"海外消费不出国门"。

破解企业研发投入不足困境
从源头提升上海科创策源能力

反 映 人：潘红虹　李清娟
反映时间：2020 年 6 月

当前，新冠肺炎疫情对全球产业链、供应链形成冲击，美国对中国的技术封锁日益升级。上海推动科创中心建设，强化科技创新策源功能，重点要从加强企业研发投入、支持重大核心技术攻关项目建设、加快高层次科技人才引进培育着手，从源头提升本土企业的科创策源能力，破解关键核心技术"卡脖子"难题。本市科创研发领域优势不足的具体体现及原因在于：

一、企业研发投入与科创中心建设目标定位不匹配。2011—2018 年，本市规模以上工业企业"R&D"经费支出连年位列国内各省市排名第五，始终未及广东、江苏、山东、浙江四省。其主要原因在于本市国有企业未能充分发挥研发投入主力军作用，民营企业资本能力不足。当前本市的创新主体仍以国企为主导，出于国有资本保值增值考核评估的考虑，国企、央企趋于回避研发投入失败风险，在加大研发投入方面主观能动性不足。同时，由于科技研发需要大量持续投入，产生经济效益却费时较长，加之扶持中小企业创新的金融市场体系尚不完善，除了少数行业领先的民营企业，大量中小企业在巨额研发投入面前望而却步。

二、企业研发人员数量在国内排名趋于下降。2011—2018 年，本市规模以上工业企业 R&D 人员虽然增长了 11.2%，但增长率从全国排名的第六下滑到第十。据国家统计局数据，同一时期，国内排名前三的广东、江苏、浙江规模分别增长了1.8倍、1.6倍和1.9倍。其主要原因在于上海科创人才体系模式存在一定的“重引进，轻培养”问题，偏重于引进国内外现成的顶尖人才，没有充分发掘本土科创人才潜力。调研结果显示，本市创新型企业仅有5.26%的人才源自与高校的合作，表明校企合作促进人才培养的机制还未被充分激活。

三、创新创业氛围环境相对较淡。2013—2018年，北京的法人单位数增长60%，广州和深圳的增幅分别达到2.8倍和2.7倍，但唯有上海法人单位数量只增加了7%。从城市净增法人单位数量来看，2013—2018年，上海净增3万多个，而北京约为35万个，广州、深圳都超过50万个。法人单位绝对数量主要由中小微企业决定，反映出上海的中小微企业存量和增量都相对较少，创新创业氛围有待营造。目前政府各部门对于企业研发创新方面的支持政策较为分散，不能充分发挥政策引导对产业链集成创新的集中支持作用。

为此，建议：

一、鼓励企业加强研发投入，激发企业主体积极性。更好应对美国对我国技术封锁升级趋势，鼓励和支持本土跨国企业在海外设立研发机构，或收购具有核心技术优势的国内外隐形冠军企业。对于企业研发投入或者收购上游研发企业的成本，纳入企业所得税减免或抵扣范畴。探索国有企业研发投入容错机制，增强国有企业研发投入的积极性。

二、加速人才政策创新突破，建立国际科技人才港。开展国际人才管理改革试点。对标海南自贸港制度，在海外高层次科技创新人才来沪就业、创业及学术交流方面予以免签入境、工作居留、永久居留等更多便利。探索本土企业高科技人才海外就业在沪结算工资制度。本土跨国企业对境外就业的高层次科研人才由上海母公司统一结算薪资，享受上海本地就业的海外人才优惠政策。创新退休科技人才聘任管理机制。逐步合理放松科技专业人才退休以后到企业就职或到海外工作的限制，最大限度释放本地科技人才应用红利。深化校企合作人才培养模式。建立高校教师或研究生在企业研究院进行技术研发，企业和政府同时补贴科研经费，共享科研成果的机制，有效提升高校人才培养与企业用人需求的匹配度。建设科技人才网络。利用本轮海外人才回流机遇，建设汇聚长三角乃至全国科技研发人才数据的网络平台，降低单个企业寻求科技人才的成本。

三、整合各部门政策资源，汇集研发支持合力。成立技术策源重大专项基金。建立以国资为主导的技术策源重大专项基金，面向重点产业核心技术攻关、产业链集成创新予以资金支持，帮助成长性好、潜力强的企业度过研发培育期。吸引集聚各类创投基金。发挥上海建设金融中心的引领作用，引进各类产业创投基金，完善基金进入、退出机制，形成金融、科技和产业良性循环的互动机制。统筹安排各项财政资金。针对现有政策资金过于分散，无法体现集中优势的问题，进一步打破部门壁垒，形成以产业、项目为导向，牵头部门评估支持，相关部门跟进配套支持的政策支持体系，形成对核心优势项目的政策支持合力。

关于法院对行政机关就“物业管理行为义务类”行政申请执行制度进一步予以完善的建议

反 映 人：翟骏

提交时间：2021 年 1 月

2012 年 1 月 1 日起施行的《中华人民共和国行政强制法》第五十三条规定，“当事人在法定期限内不申请行政复议或者提起行政诉讼，又不履行行政决定的，没有行政强制执行权的行政机关可以自期限届满之日起三个月内，依照本章规定申请人民法院强制执行”。

该条款系非诉行政执行的规定。行政机关作出行政决定后，当事人未在规定期限内自觉履行义务，也未在法律规定期限内提起行政救济的，行政决定即具有了确定力和执行力，按照《行政强制法》的规定，没有直接强制执行权的行政机关就可以申请法院强制执行。《上海市住宅物业管理规定》第九十条第二款的规定“当事人对具体行政行为逾期不申请复议，不提起诉讼，又不履行的，作出具体行政行为的行政管理部门可以依法申请人民法院强制执行”。

《行政强制法》实施后，第五十三条未能妥善落实，后上海市高院经研究出台了沪高法〔2019〕4 号《关于印发〈关于对部分行为义务类物业管理行政申请执行案件试行“裁执分离”的意见〉的通知》，对此项工作予以了推进：对于罚款等金钱义务类物业管理行政申请执行案件由法院依法定程序强制执行；对于行为类的如破坏房屋外貌、损坏房屋承重结构的行为，被具有行政管理职权的行政机关作出责令改正、恢复原状等履行行为义务的，“作出行政行为的行政机关向法院申请强制执行的，法院依法受理、审查、裁定准予执行的，一般由申请机关组织实施”。

实践中，依照法院裁定，由申请机关组织实施存在诸多问题。举例：

接物业和邻居举报，某城管执法机关经过立案调查，就陈某损坏房屋（三处）承重结构案依法作出罚款人民币壹万元的行政决定和责令恢复原状决定，在当事人逾期未履行义务，未提出复议诉讼的法定期限届满后，城管执法部门依法向人民法院申请强制执行，法院审查后，对罚款壹万元立执行案号受理。对责令恢复原状决定则作出“行审”案号的《行政裁定书》，裁定：对于申请执行人某区城市管理行政执法局作出的×年第×号责令恢复原状决定准予强制执行，由上海市某区城市管理行政执法局组织实施。之后半年时间城管执法人员 23 次上门、多次电话等方式联系当事人，希望告知法院裁定内容开展工作，均未能成功，后通过公安派出所协助将当事人约至派出所内宣读裁定书内容，当事人中途便离开，不予理睬。陈某始终持拒绝态度，且承重墙均在房屋内部，城管执法部门不具有法律授权的强制执行权力，无法强行进入现场，强制执行受阻。而举报人和物业对此十分不满，认为法院和行政机关不作为，引发信访矛盾。

房产是老百姓最大的资产，破坏房屋外貌、损坏房屋承重结构的违法一方很少会自行恢复；而举报投诉方往往是该违法行为人的楼上楼下相邻方，如果不能恢复原状，影响自身房屋安全，势必投诉到底，难有中间之道。

“法律的生命力在于实施，法律的权威也在于实施。”目前裁执分离，裁而不执，交由没有行政强制执行权的行政机关组织实施，客观上无法取得好的法律效果和社会效果，影响法律的严肃性。

意见建议：

人民法院具有强制执行的法定主体资格，建议法院研究完善对于行政机关就“物业管理行为义务类”行政申请执行制度，由法院受理执行申请，法院正式立案（执行案号）后由执行庭牵头，制订方案，具体组织实施时可由相关行政机关和属地街道配合，切实落实好《行政强制法》第五十三条的相关规定。

领导点评：

围绕中心、服务大局是反映社情民意信息工作的重要原则之一。聚焦党和国家中心任务谋策献言，聚焦全市重要工作群策群力，并不是停留在“讲道理”的层面，而是要坚持大处着眼、小处着手，通过调研发现一些小的“瓶颈口”“切入点”，反映实情提出建议，更好推进中央和市委决策部署的落实。

比如，举办中国国际进口博览会、深化司法体制综合配套改革、推进上海科创中心建设，都是战略层面的决策部署。本部分选取的几篇社情民意信息，在这些国家战略的框架下，选择小的切口，包括如何提升进博会的服务保障水平、放大溢出效应，如何完善诉前财产保全制度、规范推进“裁执分离”工作，如何加强企业研发投入、支持重大核心技术攻关等，以“点”上的精准发力撬动“面”上的整体推进。

政协第八、第九届全国委员会主席李瑞环同志曾经对于社情民意信息工作的优势做过如下描述：“一方面，许多领导干部为解决问题殚精竭虑、苦乏良策；另一方面，不少有识之士的真知灼见滞留于下层，散佚于民间，得不到应有的重视。”人民政协在了解和反映社情民意方面具有独特的优势，“渠道畅通，下通各界，上达中央，可以及时地将基层同高层决策部门相沟通”，这也就是政协围绕中心、服务大局的核心要义所在，反映真实情况、提出有价值的意见建议，为党和政府科学决策、有效施策提供参考。

（点评者：上海市政协办公厅副主任杨峥）

关于对响水安全事故举一反三改进危化企业安全监管的建议

反 映 人：白涛

提交时间：2019 年 3 月

3 月 21 日下午发生的江苏盐城响水化工厂爆炸事故，又一次造成重大损失。根据目前消息，我们尚不能得出最终结论，只能初步判断是日常生产安全管理不到位造成的苯类危险品安全生产事故。从技术角度而非追责角度分析，化工厂在日常市场运作中经济效益不佳，缩减安全生产管理方面的预算开支，导致安全措施不足，包括但不限于中层与基层安全教育培训不足、安全设备设施失效。管理成本缩减导致防范失效等各种隐患因素概率上升。而这些问题并非个例，该事故工厂周边多家化工厂、制药厂已经因为安全隐患问题被责令停产。当地政府监管措施粗糙一刀切，均未奏效，原因在于流于形式不重实效、对安全和应急管理的技术细节嫌麻烦、追求任期内快速“见效”等表面文章，没有风险驱动导向等有效目标管理技术措施。前期的当地领导视察、事故当天上午的安全培训都是此类形式主义的表现。理应改革安全管理方式，升级到全面危机管理模式，全过程全动员进行安全与应急管理。

为做到举一反三、警钟长鸣，建议对危化品生产经营单位的管理要重视改进以下 6 个方面：

1. 提权。为安全管理和应急管理人员在基层工作中提升权限，如强化否决权，工作待遇和部门预算相应提升。在欧美一些管理先进的化工、制药或含有危化品的高科技企业内，安全与应急管理人员，包括基层工程技术人员在发现危险或安全隐患时，其权限允许其阻止危险运行，直至全线停产，其安全管理权限可以高过厂长、总经理，而非如响水安全人员完全服从上级领导，安全向利润让路。

2. 预算。增加安全和应急的预算，加强培训和演练。欧美一些安全措施严格的地区，政府在强化立法和检查同时允许企业安全运营部分管理成本抵税，以严格的法律监管和财税优惠并举，鼓励企业加强安全与应急备灾管理。

3. 修改预案原则。采用国际标准的风险评估指导应急措施，全面废止抄袭模板做法，在风险评估技术的使用过程中，去除预案的形式化因素。同时规定尽职才能免责，只套模板抄预案绝不能免责。

4. 引进第三方监管机制。安全管理、应急管理是专业的技术，不是一般行政管理抄预案模板就能生效的。引入第三方专业机构，既可保障公正也可降低企业人力成本，提高监管实效。

5. 适当放宽安全和应急领域国际专业组织在华落地，加快推动安全和应急领域技术与国际水平接轨，向着国际先进技术与管理标准演进。

6. 改革相关领域课题研究评价机制，不再止步于论文和研究生数量，而是从科研成果向前跨步的导向转变为对生产管理实用工具和科普教育文章的培训。让理论与实践操作紧密结合，不仅用产学研经济利益方式引导，也用评估价值与正义导向引导，积极鼓励和着力推动安全管理理论和技术研究进一步为实践领域服务。

关于加强进博会延展期间相关服务管理工作的建议

反 映 人：庄峻斐

反映时间：2019 年 11 月

11 月 10 日第二届进博会精彩圆满闭幕。为满足广大市民热切的观展愿望，感受精彩盛会，国家馆进行了延展。根据笔者了解到的市民的参观体验，提出以下建议：

一、设置滚动播出会展中心实时信息的大型电子屏幕

建议在面向观众的自动电梯上方，把欢迎广告牌换成抬头就能看到、滚动播出会展中心实时信息的大型电子屏幕，方便观众及时获取展馆的相关信息，也更利于场馆客流的有序管理和观众的顺利观展。

二、进一步提升服务细节

在延展期中，参观市民咨询时没看到志愿者的身影，求助保安员，回答却是“这不是我们管的范围，不知道”。建议发挥上海退休老人的余热，组织一支精干的老年志愿者队伍，经过短期热身培训，可以为延展期内大量的中老年观众提供低成本高质量的服务。

厕所内的环境不尽如人意，有违会展形象。建议针对大型场馆用厕，为了防止使用者不小心弄脏环境，而保洁员又暂时顾不过来，造成恶性循环的脏乱问题，在厕所内放些简单的清洁用具如马桶刷，使用者可以有工具自己及时做些简单处理，留一个干净的用厕环境给后来人，便于形成环境卫生的良性循环。

三、在高科技产品柜台内设置小型电视屏幕播放介绍

在中国馆展示的高科技产品柜台内，安装一个个小型电视屏幕，随时向观众滚动播放介绍这些科技产品的基础知识及技能（保密的除外），一来让观众现场学习、直观感受，优化参观体验度；二来可以普及科技知识，否则只剩下“刘姥姥逛大观园”那般的新鲜感、忙着拍照留念的热闹感，未免对进博会资源是一种极大的浪费。

建议在当前疫情形势下成立新冠肺炎中医专家协作组

反 映 人：吴伟
提交时间：2020 年 2 月

当前，我国境内的新型冠状病毒肺炎有暴发、播散、上升的趋势。记得在 2003 年非典型性肺炎（SARS）肆虐时期，中西医合作阻击 SARS，创造了一段佳话。其中在收治 SARS 患者最多的北京，16 家定点医院全面实施了中西医结合疗法，约有一半病人在治疗过程中服用中药。2003 年的广州中医药大学附一院，治疗 60 例 SARS 患者，无一例死亡、无一例转院、医护人员无一例感染，达到 3 个“零”的奇迹。北京中日友好医院纯中医治疗 16 例，也无一例死亡。而且凡是用中医介入治疗、激素用量少的 SARS 患者，事后跟踪随访多年，至今未见有股骨头坏死、肺纤维化等后遗症。世界卫生组织专家马圭尔表示，中医治疗非典型性肺炎的经验“值得研究和学习”。

随着疫情的发展，目前已知的情况有：1. 中医对于预防新型冠状病毒的感染具有一定帮助作用；2. 中医治疗可以减少激素用量，从而降低治疗过程中的并发症发生；3. 中西医综合治疗可以互补优势，为祖国传统医学走向世界打下基础；4. 中医治疗目前缺乏大样本，缺乏客观的循证医学证据，这次针对新冠肺炎疫情的协作治疗，或许可以为中医实现科学化、现代化提供一个机会。

鉴于此，在当今紧迫的形势下，我们应该倡导和注重采用中西医结合的方式抗击新冠肺炎。希望由国家卫健委牵头，尽快成立国家级、省市级的新型冠状病毒肺炎中医专家协作组，参与防控诊疗。同时建议本市卫健委也能召集全市范围的全国名老中医、上海市名中医共同研讨，必要时成立中医专家协作组，参与防控诊疗工作。

与此同时，尽快确立中医药参与诊疗的程序，建立分型治疗、辨证论治的依据；尽快拟定理法方药，重症、变症的应对措施等；明确预防疾病的中药效方、成分组成、功效等。

RCEP 签署对上海的影响及建议

反 映 人：朱轩

提交时间：2020 年 11 月

11 月 15 日，东盟十国以及中国、日本、韩国、澳大利亚、新西兰等 15 个国家，正式签署区域全面经济伙伴关系协定(RCEP)，标志着全球规模最大的自由贸易协定正式达成。相比短期与局部贸易红利，RCEP 带给我国的战略意义可能更为显著。

结合 RCEP 对于上海地区的影响，有如下建议：

一、需要关注短期 1～2 年内上海地区经济增长下行压力。经济下行压力主要来自两方面。

一是短期整体国家经济增长压力。依照东北证券宏观 GTAP 模型测算，目前 RCEP 协议所展示的信息，短期对我国经济的总体影响将会为负，导致经济增速下行 0.19%，但进口与出口将分别增加 7.85%和 5.45%。日本是最大受益者，经济增速将提高 4.78%。“短期”是指在新的关税水平之下，各国贸易重新达到均衡状态的情形下进出口及 GDP 所受到的直接影响，未考虑区域贸易总量的提升对生产率的长期作用。长远来说，我国 GDP 增速将进一步提高 0.5%，可以抵消 RCEP 短期的负面影响。

二是行业性分布经济增长压力。RCEP 是双边减税，为优势行业带来机遇，对薄弱行业构成挑战。行业方面受益较大的包括纺织服装、轻工、农产品、建材、采掘业、电子商务等；受冲击较大的包括汽车及零部件、石油化工等。对比当前本市 GDP 行业贡献分布，需要关注对地方上 RCEP 影响弱势行业的冲击，比如汽车、石油化工等。

二、在 RCEP 全面实施的过程中加速推进上海自贸区软硬件配套服务。RCEP 将长期利好我国内外双循环策略，进一步提升上海国际金融及航运中心的地位。

一是加速并鼓励 RCEP 金融服务产品创新。推动金融产品创新如“RCEP 跨境资金池”“人民币对 RCEP 国家货币直接兑换”等，税务上给予优惠专项配套，鼓励创新、先试先行。

二是加强交通基础建设提升效率。浦东国际机场及上海港的地理优势及货运吞吐量能力保证了临港片区国际交通一流的地位，但是在链接长三角交通枢纽一体化以及辐射上海市中心市区路网建设等方面还有一定差距。应继续加快提升临港新片区与周边区域高速公路建设以及地铁、轨交、公交等与市区交通网络的多层次链接。

三、结合供给侧改革，政策性引导本市企业升级产业链，并帮助企业区域性转移低端产业链。近年来，由于产业链升级，我国不少企业都开始向海外转移，主要就是东南亚地区。RCEP 进一步推进了产业链上游巩固和东南亚的一体化趋势，促进国内产业链向高技术含量升级。可采取城市合作模式促进本市企业的低端产业链向东南亚等生产力成本较低的国家转移。

关于提升崇明花博会安全服务管理水平的建议

反 映 人：孙培初

提交时间：2021 年 5 月

5 月 15 日，笔者在花博会主办方组织的试运行日进入园区参观，在被精美花卉造型吸引的同时，也感到园区内在防疫、安全、服务、管理工作等方面仍有提升空间。如：很多游客进入园区餐厅未佩戴口罩，排队购买食品时也没有保持应有的间距；游客在园区交通主干道随意横向穿越，与来往直行的载客电瓶车相交距离很近；中国展区的主干道两边，未设有可供游客休息的椅子等。

鉴于此，建议：

1. 开设可供已接种疫苗游客进园的绿色通道。建议在现有统一的普通游客进口（10 多个），增设为专供已接种过新冠疫苗游客的绿色通道。

2. 加强园区餐厅的防疫管理。建议在餐厅入口处，增加安检人员或志愿者，提示游客进入餐厅务必佩戴好口罩，并在各购买食品窗口前的通道路面上，画好 0.8～1 米的间隔鞋印，提示广大游客自觉防疫。

3. 在园区交通主干道上标识游客步道线和斑马线。建议尽快在 10 米左右宽的主干道两边，各画一条由干道边缘向干道中间的 0.8～1 米左右的延长线，在干道起点的 0.8～1 米左右区域内标写“游客步道”四个字，并且在干道的岔路口上标明斑马线。游客在画线步道区域内行走更安全，载客电瓶车在干道中间区域行驶也更快捷。

4. 各省市花卉展示区之间的干道边上设置 3 人座椅。各省市花卉展区缺少供游人休憩的座椅，建议在相关区域主干道两边、间隔 30～40 米处多设置一些 3 人座椅，让游客有地方歇脚。

领导点评：

“于安思危，于治忧乱。”当前和今后一个时期是我国各类矛盾和风险易发期，各种可以预见和难以预见的风险因素明显增多。政协社情民意信息作为舆情汇集和分析机制的重要组成部分，要积极反映苗头性、倾向性、预警性的情况，从“桅杆”看苗头、观倾向、把趋势，为党和政府提供及时精准的信息服务。

本部分选取的社情民意信息案例，主要是在国际国内热点事件发生后第一时间进行分析研判，反映不同层面、不同角度的观点。比如，立足于加速构建国内国际双循环新格局，研判一系列高标准自由贸易协定签署后带来的机遇和挑战；着眼于各类社会风险隐患，就有效阻断新冠肺炎疫情传播、遏制各类安全事故多发势头、警惕消费金融行业乱象等提出意见建议。

这类社情民意信息能快速准确地捕捉热点，以敏锐的目光发现其中可能影响全局的“黑天鹅”“灰犀牛”，及时预警，防患未然，由点到面，举一反三，力求推动共性问题发现和解决。

（点评者：上海市政协办公厅副主任杨峥）

建议开展绿色建筑实际运营效能评价

反 映 人：罗凡

提交时间：2017 年 3 月

《上海市绿色建筑发展三年行动计划(2014—2016)》实施以来，新建民用建筑包括大型公共建筑和国家机关办公建筑按照相关星级标准建设，但也面临“绿色建筑设计达标、运营缺乏后续监管”的困境，具体表现为：

一、绿色建筑的设计效能未在运营中落实完善

开发商仅负责建筑设计达到绿色建筑指标，投入运营后如何落实完善绿色建筑的效能并不在其职责之列。由于绿色建筑运营维护成本高于一般的传统建筑，不少物业管理单位将其视为负担，甚至会停用、更换绿色设施。部分绿色建筑竣工验收并投入使用一年后未做运行评价，造成一批具有绿色建筑设计标识的建筑都未申请获得运营标识。

二、绿色建筑的运营效能缺乏跟踪分析和监管举措

部分绿色建筑在规划设计与施工阶段衔接不足，设备调试不到位，施工完成后缺少交付内容和相关运行的培训，能耗监测系统通过验收后长期闲置。绿色建筑运营过程中的能耗、水耗、气耗、材耗及使用人舒适度等分析计量，仍普遍实行人工抄表，数据堆积如山，却无法有效统计应用。相关部门对其运营效能状况缺乏主动监管及奖惩政策。

为此，建议：

一、开展绿色建筑运行评价，加强实际运营效能的监管

将绿色建筑评价明确划分为"设计评价"和"运行评价"。相关部门进一步完善激励政策，构建监管平台，对已竣工一年以上、具有绿色建筑设计标识的建筑开展运行评价，推动施行绿色建筑运行标识。

二、落实主体责任，提升绿色建筑的使用与管理水平

对承接绿色建筑运行管理的单位设置强制性准入门槛，明确物业管理单位作为运营维护绿色建筑项目的主体单位，承担主要责任，并制定相应奖惩政策。同时，引导公众参与绿色消费，对购置高星级绿色建筑的企业和个人，在税费、贷款等方面给予优惠。适时在公共平台发布绿色建筑的节能、节水、减排和环境监测数据，营造良好氛围。

完善“四行仓库抗战纪念地”建设的建议

反 映 人：邱宜正
提交时间：2017 年 12 月

我市的“四行仓库抗战纪念地”，于 2015 年建成后，取得了非常积极的社会效果。谢晋元“八百壮士”在上海四行仓库的壮举，振奋国人，意义深远，是全中华民族抗日战争和抵御外来侵略的宝贵精神财富，理应将其很好地发扬传承下去。

近日参观了该爱国主义教育基地及其周围环境后，发现仍有一些缺憾。主要问题在于，除了那面标志性的“弹痕墙”，从外部环境看较难直接识别出这里是一个著名的抗战纪念地，周围的地貌及标志特征都显得不足。即便是那面“弹痕墙”，也有一定概率被忽视或误以为是某种建筑艺术。这一问题对于没有导游或者陌生的外来访问者而言，就显得尤为突出。此外“弹痕墙”外的纪念广场比较狭小，景深不足，也使得整个场所的肃穆性打了折扣。

因此，建议考虑对“四行仓库”的外部周边环境进行二次改造，以完善其爱国主义教育的功能。具体的一些改造建议措施包括如下：

1. 扩大“弹痕墙”外侧的广场规模，将其对面的停车场也纳入广场的范围。在新扩建广场的基础上，增强广场的平整度开阔性，并且添加一些红色元素。例如，可以考虑在广场左右两侧边，以整齐的直线方向，每隔一段距离设置一个红色的火炬造型或照明灯具，或者是采取常绿或红色的灌木，以增强该基地的肃穆性和易识别性。

2. 可考虑在“弹痕墙”外的广场上，设计一个金属铜材质的普通中国士兵的群体雕像(类似美国阿灵顿公墓 Marine Corps War Memorial 雕像的做法)，另外还可设置一个地面的金属铭牌予以说明纪念，以便从外部的开放空间更容易识别该场地的作用性质。

3. 在沿河一侧的正门入口，以及“弹痕墙”以外的另两侧建筑立面，均添加一块更加醒目的金属铭牌，标出该建筑大楼的爱国主义教育基地的身份。正门那块铭牌可放置在入口门侧的适当高度，方便大家抬头就可看到。

4. 从恢复当年原貌的角度，与老照片对比，大楼沿河一侧也许不太适合做现代化滨江绿化处理。是否有可能对这一段河岸做一些特殊设计，尽可能恢复当年的一些原貌，比如除了健身步道外，去除该段显得过于现代舒适的滨江绿化带。

关于加强
商场内儿童游乐场所管理的建议

反 映 人：郑立勇

提交时间：2018 年 4 月

随着经济的发展，很多大型商场、超市都有各种类型的儿童游乐场，备受广大家长和儿童热捧，到了节假日往往人满为患。但是，想过这些儿童游乐场的卫生与安全吗？由于没有统一的管理标准，各游乐场都是“各自为政”，有的一个月才“洗澡”一次。遇到流感暴发，很多孩子在里面咳嗽、流鼻涕，容易造成交叉感染。其卫生状况令人担忧。

为此建议：

1. 尽快制定儿童娱乐场所卫生安全标准，包括对儿童娱乐场所的设置、用具和装饰的材料、生产、安装，以及经营者的人员配备、消毒与急救技能和健康状况，都要有相应的卫生指标。

2. 制定儿童娱乐场所卫生管理条例，可以参考《幼儿园卫生保健制度》等制定儿童娱乐场所的行业卫生管理条例，明确儿童娱乐场所经营者的卫生安全主体责任、必需的卫生消毒措施和卫生消毒记录，以及卫生监管部门的监督管理职责。

3. 明确提出各大型商场为儿童活动场所配备一名保健人员，对入场的儿童进行卫生健康检查，每天对所有游乐设施进行消毒并对通风和通风设施进行定期检查和消毒。在传染病暴发季节，可告示并暂时关闭娱乐场所。

4. 强化儿童娱乐场所在安全与服务方面的监管，执法部门定期或不定期地对儿童娱乐场所的卫生状况与设施的安全状况进行检测，及时发现隐患，减少消费纠纷，保护消费者的合法权益，真正为孩子们的健康安全负起责任。

严打“医美贷”不法行为
规范医美产业市场秩序

反 映 人：赵婕

提交时间：2019 年 4 月

随着国家加大力度打击“714 高炮”套路贷，很多不法分子摇身一变，转战“医美贷”市场。“医美贷”勾结各类医美机构，以传销及“砍头息”等不法手段，将魔掌伸向在校女学生及娱乐场所从业年轻女性，非法牟取暴利，并逼迫涉世未深的女性受害者为偿还高额贷款铤而走险，不仅给受害者家庭带来灾难，更影响了社会和谐稳定。

毋庸置疑，医美是一个新兴的产业，需要政府和全社会精心培育，但“医美贷”是医美产业的毒瘤，挑战社会道德和良知。如何规范医美产业的市场秩序，促进医美产业的健康发展，防范“医美贷”对医美产业、对社会带来的危害，是我们不得不直面的议题。现就这个问题提出如下建议：

1. 建议医美机构与“医美贷”等民间贷款脱钩。医美产业的健康发展，必须建立在促进社会和谐发展的基础上。建议出台相关行业监管细则，严禁所有正规医美机构与任何“医美贷”“校园贷”“套路贷”等相同类型的社会不法网贷公司合作，斩断“医美贷”伸向医美产业的黑手。

2. 建议国家加大对非法行医的监管及处罚力度。依照国家卫生部颁发的《医疗机构管理条例实施细则》《医疗美容服务管理办法》，目前对非法行医的各类医美机构处罚力度太轻，最高罚款仅为 1 万元，无法有效震慑各类“无证”及“借证”非法行医的医美机构。建议对现行法规条款进行适当调整，大幅度提高包括民事处罚及刑事追责在内的处罚力度，吓阻非法行医机构的蔓延，对大多数“医美贷”所依托的非法医疗机构起到震慑的作用，从而有效遏制“医美贷”的猖獗发展势头。

关于严控民间违规放生行为的建议

反 映 人：刘智俊

提交时间：2019 年 9 月

本市已连续开展三十余年的增殖放流，主要在淀山湖、黄浦江上游等重要水域实施放流，对于保护水域生态资源、保持生物多样性起到了积极作用。然而近年来，随着民间的违规放生活动逐渐增多，违规放生规模越来越大，给生态环境造成一定的负面影响，很大程度上冲击了增殖放流的生态修复成果。

一是放生品种和数量结构影响水域生态平衡。有些放生品种购自水产市场，大多属于改良种、选育种、杂交种和转基因种的商品鱼，本是严禁流入开放水域的，却由于违规放生进入自然水域，与野生种群展开竞争。有些放生品种属于外来入侵物种，如巴西龟、牛蛙、清道夫等，可能打破本地原有生态平衡，影响种群结构。同时，民间放生品种数量结构不尽合理，如一次性放生大量乌鳢等肉食性凶猛鱼类，放生后严重破坏食物链结构。

二是民间组织的违规放生活动频繁无序。民间组织的违规放生，借着微信等社交媒体有愈演愈烈之势。微信搜索关键词“上海放生”，就有三十余个各类放生组织的公众号，其组织严密，几乎每周每月均组织放生活动，放生水域遍布全市。从其公开的财务明细可推算，一个微信公众号放生团体每月放生水产动物平均在 1 500 公斤以上。而放生动物主要来源于农贸市场，放生选择的水域有些根本不适合放生鱼类的生存。

为此，建议：

一、加强科普力度。由本市高校和科研院所加强向民众宣传违规放生的危害性。必要时，联合民族宗教部门在信教群众中开展科普宣传，使其了解盲目放生并非善举，反而会酿成“杀生惨剧”，应秉持科学理性的态度。

二、规范民间放生。青海省出台相关通告，禁止在青海省境内所有水域放流外来水生物种。玉树藏族自治州 2019 年 1 月 1 日起永久性禁止一切个人或团体在该州境内的长江、黄河、澜沧江干流等公共水域，放生从外地引进的鱼种亲体、苗种等活体水生生物品种。杭州则要求市民首先要到杭州渔政信息网上下载“放生申请表格”，填写完成递交，在得到渔政主管部门同意之后才能实施。建议本市借鉴相关经验，出台相关地方性规定，规范放生行为。对于屡教不改的个人或团体，有关部门必须依据《中华人民共和国渔业法》《中华人民共和国野生动物保护法》等有关法律法规予以处罚。

加强黄浦江水上船只有序通行管理　保障通航安全

反 映 人：罗国芬　张辉辉
提交时间：2020 年 9 月

上海依水而生、依水而兴，黄浦江作为上海的地标河流，其发展映射了上海城市发展的脉络。通过打造以文化、休闲和健康为重点的公共空间来提高生活质量是全球城市推动滨水区域再生更新的主要策略之一。近二十年来，在打造世界级会客厅的过程中，黄浦江的水岸再生成果丰硕，岸上景观大获赞誉，其对于上海城市空间更新发展意义也十分重大。

然而，作为上海的重要水道，黄浦江（指从吴淞口灯塔至浦东界标的连线即黄浦江界，与闵行发电厂上游边界至巨漕港上口连线，即港界，两者之间的水域）的水上安全不和谐之音仍不时传来。2019 年 6 月 5 日晚间，在徐汇滨江码头附近水域（龙华弯道），一艘内河船与一艘海船发生碰撞，导致海船撞击江边步道护栏，撞损部分栏杆。2020 年 8 月 7 日，徐汇滨江开放空间（斜土段）又发生过往船只撞击亲水平台事故，造成亲水平台部分迎水面、栏杆及铺装损坏。这样反复出现的船舶撞击亲水平台事故背后反映出当前黄浦江水上交通安全形势仍比较严峻、水上通航环境仍比较复杂、水上安全监管难度大三大突出问题。

一是黄浦江水上安全形势严峻，船舶碰撞等险情频发。黄浦江航道狭长，沿岸码头众多、渡轮往来繁忙，常常会出现船舶靠离码头、穿越航道，与进出口船舶形成会遇的情况，极易引发船舶碰撞。据海事部门的数据统计，在黄浦江水域发生的险情主要为碰撞。通过对大量案例分析，发现产生碰撞的原因如下：1. 船舶对黄浦江通航环境不熟悉，未错峰靠离泊。2. 船舶间未用 VHF06 频道通报动态，通报动态信息不准确。3. 抢占其他船舶的船首，未与顺航道航行船舶协调避让。4. 靠离泊期间未安排人员瞭望。

二是水上通航环境复杂。上海港的潮汐属于非正规半日潮，因此黄浦江里的船舶流量受潮汐影响，在吴淞低潮时船舶密度非常巨大，对船舶的监管只能靠宏观把控、信息广播。船舶航行除受潮汐影响外，受气象影响也较大。据统计，2019 年上海辖区能见度不良 72 次，时长 1 632.5 小时，年平均雾日 63 天。由此可见，如遇能见度不良等恶劣天气，水上通航环境更显复杂。

三是黄浦江里航行船舶类型复杂，监管难度大。对于客运船舶、载运危化品船舶、砂石船和易流态化固体散装货物运输船，这四类船舶因自身特点，由海事部门进行重点监管。另外，未按规定配备使用 AIS、不开启 AIS、不守听 VHF、乱穿越航道现象，在一定程度上造成了监管空白，成为航道里的“隐形杀手”，加大了海事的监管难度。

为加强船舶有序通行管理，切实保障黄浦江水上安全生产形势稳定向好，建议：

一、强化动态监控，推进精细化管理

切实加强指挥中心和现场巡航执法部门的协同联动，确保指挥顺畅、执法到位。充分运用 VTS、电子巡航、无人机以及水域巡视等监管手段，做好黄浦江的动态监控以及“四类重点船舶”的跟踪监控和现场监管。

1. 对不开启 AIS 设备、不守听 VHF 设备的现象，持续开展水上无线电秩序管理专项整治活动，提升船舶 AIS 设备开启率。

2. 对违规掉头的船舶要强化约束，严令禁止。大型船舶如不能在码头前沿安全掉头，则应到掉头区掉头，避免在码头前沿水域掉头和长时间占用航道导致事故隐患和紧迫局面。

3. 严禁抢越船首穿越。对于船舶穿越航道现象，提醒其谨慎驾驶，尽可能与航道的船舶总流向成直角横越，尽可能从他船船尾后方通过，选择尽量大的空当穿越并保持足够的安全距离。

4. 加强值班瞭望，错峰靠离码头。要求各船舶要时刻保持正规瞭望，及时及早通报船舶动态，加强船船、船岸间沟通协调，避免紧迫局面和事故险情发生。加强与辖区码头单位的沟通协调，合理制定生产作业计划，有序安排船舶靠离时机，避免多档船舶超宽并靠或频繁让档，避开在初涨等船流密集时期靠离码头或穿越航道。

二、强化现场监管，推进企业安全生产主体责任落实

1. 要强化对辖区船舶特别是四类重点船舶的监管，对船况差、隐患缺陷严重等情况坚决采取滞留、开航前检查等措施。对船舶超载、超速、配员不足、不守听 VHF、未按规定配备使用 AIS、不遵守航行规则等违法违规行为加大处罚力度。要从严开展航运公司体系管理，约谈通报一批管理差的公司，查处一批违法违规公司和船舶，压紧压实企业安全生产主体责任。

2. 持续开展涉海运输内河船舶治理工作。持续深化内河船涉海运输治理，固化有效做法，完善长效机制，继续保持对涉海运输船舶的查处力度不减，处罚标准不降，执法力量充足。治理过程中注意疏堵结合，并持续加强相关宣传工作。

建议普及本市道路红绿灯数字转换

反 映 人：蔡永杰

提交时间：2021 年 4 月

目前，上海虽已有一些路段使用了数字显示红绿灯的转换时间，但并非所有道路红绿灯指示都用数字显示，甚至在浦东一些交通路况很不错的路段，也有不少没有采用数字显示的红绿灯。

红绿灯数字显示，首先可以让司机在很远处就能判断，自己应该保持既有速度行驶，还是缓慢减速行驶，可以自主把握车速控制能耗。其次，根据数字显示，可以减少和防止路口急刹，减少路口追尾等事故。实践证明，红绿灯数字显示对道路交通安全十分有利。因此，建议交警部门尽快研究红绿灯数字显示在本市各道路的全覆盖。

领导点评：

民生是最大的政治。民之所盼，政之所向。通过政协社情民意信息“直通车”渠道，能够及时反映基层群众所思、所忧、所急、所盼，促进解决民生难点问题，架起党和政府与人民群众的“连心桥”。

群众事，无小事，一枝一叶总关情。本部分选取的关于第十届中国花博会的防疫安全管理、商场儿童游乐场所的安全隐患、民间违规放生活动影响生态环境等信息，抓住了民生关切的小细节，为民情怀跃然纸上，体现出民生温度，体现出治理的精细度。

尤其是对于上海这座超大城市而言，“像绣花般精细管理”、切实解决“老小旧远”问题，都需要广泛汇集民情、反映民智，这是践行“人民城市人民建，人民城市为人民”的重要体现，也是更好顺应人民群众对美好生活新期待的重要途径。

（点评者：上海市政协办公厅副主任杨峥）

关于在沪外籍学生
疫情防控工作的建议

反 映 人：高旭军
提交时间：2020 年 2 月

上海是一个国际性大都市，有众多国内外知名大学，所以也有众多的外国留学生。在新冠肺炎疫情不断蔓延的情况下，如何做好在沪外籍学生疫情的防控，值得我们考虑。外籍学生尤其西方国家的留学生有海外信息渠道，而且法律意识和维权意识均很强，不能简单一禁了之。我建议采取以下两类防控措施。

一、建议外籍学生回国

由于本市各大高校均已决定延期开学，而且开学的日期尚未确定，所以，可以建议外籍学生暂时先回国，等疫情得到有效控制后再返沪学习。这是最简单有效的防控办法。但这样做至少会产生以下问题：回国产生的交通费用由谁承担？回国期间是否还能获得奖学金？建议针对不同类别的外籍学生分别采取不同的解决方案。

根据外籍学生学费和生活经费的来源，大致可以将在沪外籍学生分成以下三类：中国政府奖学金生、外国政府奖学金生和自费生。

第一，对于中国政府奖学金生，建议由学生自行承担往返机票等交通费。因为其回国一两个月，生活成本应该比上海低。但所在学校应该承诺继续发放其在回国期间的奖学金，不延迟其学制，同时要求其必须按照学校要求选修规定的网络课程。

第二，对于外国政府奖学金生，建议由所在学校的外办直接与外籍学生及其奖学金发放机构进行沟通。因为外国政府奖学金如德国的DAAD通常要求，德籍学生必须在同济大学学习，才会发放奖学金，在留学一年期间擅自回国将停止发放奖学金(规定的学期假除外)。德籍学生尤其是法学专业的学生法律意识很强，在同济大学建议他们回国时，不仅提出同济应补偿机票费，而且要求学校补偿因回国而额外产生的其他费用。比如，因为来同济留学一年，他已经取消了原来在德国的租房合同和工作合同，现在临时回国既没有地方住，也没有工作。对于这样的要求，最好通过外国政府奖学金发放机构、该机构在沪相关高校的外籍专家等与外籍学生进行沟通。同济大学就是通过这种方式与DAAD和德国学生进行沟通的，最终DAAD同意承担德籍学生的往返机票费，笔者所在的同济法学院的10余名德籍学生已经顺利返回德国。

第三，对于自费留学生，建议由学生所在学校承担其往返的飞机票等费用。所在学校应该承诺不延迟其学制，并在其回国期间通过网络开设规定的课程，同时要求其必须按照学校规定选修相应的网络课程。

当然，如果有条件，应该对不同种类的外国学生采取相同的措施，因为上述建议措施在本质上给外籍学生以不同的待遇，也有违反WTO规定的最惠国待遇之嫌。如果这些措施被外籍学生事后知道，会带来不少麻烦。

二、留沪外籍学生的疫情防控问题

如果外籍学生不愿回国，那也不能强制其返回。对于那些坚持留沪的外籍学生，对其住宿应该采取跟国内学生一样的防疫措施，但不要限制其活动自由。相反，应该更透明地告知其所在学校关于上海的疫情最新进展和防控措施，同时建议为留学生宿舍的卫生间统一配送卫生纸和消毒液。

关于适当开放驻沪外企外籍员工家庭团聚的建议

反 映 人：江海洲

提交时间：2020 年 9 月

这次疫情导致驻沪外企外籍员工家庭被迫分离值得重视。笔者从事国际货运业务，有机会接触外籍人士。不久前，一位驻沪外籍员工反映，年初妻子回国，但是目前疫情仍在全球蔓延，妻子迟迟无法返回中国，一家人几乎分居了大半年。

据笔者了解，根据相关规定，企业外籍员工需要相关区级主管部门签字许可才能入境。但由于该位员工妻子在上海并无工作，也就意味着其妻入境无法得到主管部门签字。近期，国家对海外留学生的回国入境发布新规，比如需要有三天以内有效的核酸检测报告才可登机入境等。那么，对于驻沪外籍员工家属，希望也能有同样考虑。毕竟长期分居，对员工的精神健康、情绪稳定有很大影响。为此建议：

1. 对于有家属团聚需求的外籍员工，由外籍员工所在公司向区主管部门提出申请。经审核批准后，可以准许入境。

2. 凭当地有效核酸检测报告和批准入境许可，申请入境签证。

3. 提出申请的公司，必须承诺对外籍员工家属入境后负管理责任，确保防疫工作落实以及健康状况及时上报。

4. 参考对海外留学生回国的要求，提供三天以内有效核酸报告才准许入境，入境以后按要求隔离。

我国疫情得到成功遏制，中国的抗疫经验成为全球抗疫的借鉴和表率。建议适当考虑准许部分疫情控制相对较好的国家，外籍员工家属可以早日入境团聚。

领导点评：

习近平总书记强调："人民政协要发挥统一战线组织功能，坚持大团结大联合，坚持一致性和多样性统一，不断巩固共同思想政治基础。"加强思想政治引领、广泛凝聚共识，是新时代加强社情民意信息工作"在建言资政和凝聚共识上双向发力"的一个重要着力点。

政协社情民意信息工作的统战功能更多地体现在以下方面：及时了解统一战线内部思想动态，积极反映民主党派成员和无党派人士、新社会阶层人士的意见建议，更多关注少数民族、宗教界人士以及港澳台同胞、华人华侨等的意见诉求，搭建平台，畅通渠道，努力寻求最大公约数、画出最大同心圆、汇聚最强正能量。

本部分选取的部分案例，着眼于改进完善政协工作，巩固和发展最广泛的统一战线，如结合国际化大都市外籍人士聚集度高的特点，帮助反映在沪外籍人士合理诉求等，充分彰显人民政协在新时代大统战工作格局中的独特作用。

（点评者：上海市政协办公厅副主任杨峥）

图书在版编目(CIP)数据

资政建言 / 杨浦区政协编. —上海：文汇出版社，2021.10

ISBN 978-7-5496-3654-9

Ⅰ.①资… Ⅱ.①杨… Ⅲ.①中国人民政治协商会议—地方委员会—工作—上海—文集 Ⅳ.①D628.51-53

中国版本图书馆 CIP 数据核字(2021)第 193414 号

资政建言
——十四届杨浦区政协履职成果选编

杨浦区政协 编

责任编辑 / 熊　勇
封面装帧 / 张　晋
供　　图 / 杨浦区委宣传部
　　　　　上海杨浦滨江投资开发有限公司

出版发行 / 文匯出版社
　　　　　上海市威海路 755 号
　　　　　(邮政编码 200041)
经　　销 / 全国新华书店
排　　版 / 南京展望文化发展有限公司
印刷装订 / 上海颛辉印刷厂有限公司
版　　次 / 2021 年 10 月第 1 版
印　　次 / 2021 年 10 月第 1 次印刷
开　　本 / 700×1000　1/16
字　　数 / 260 千字
印　　张 / 15.25(插页 4)

ISBN 978-7-5496-3654-9
定　　价 / 68.00 元